日韓記者・市民セミナー　ブックレット８

歴史の証言
前に進むための記録と言葉

＊目次＊

はじめに

日韓記者・市民セミナー ブックレット第8号は、「歴史の証言―前に進むための記録と言葉」です。日韓関係の悪化は植民地支配による不幸な歴史に起因することが多くあります。今、特に日韓の棘《とげ》になっているのが日本軍慰安婦と徴用工問題です。両国の主張は平行線をたどり、私たちは出口が見えないトンネルにいます。この閉塞感はコロナ禍で外出が制限された頃の巣ごもり状態に似ています。

その一方で、キムチは日本の食卓に違和感なく溶け込み、他の具材とアレンジされて学校給食にもお目見えします。世代を問わずに焼肉料理が好まれ、人気店は若者で溢れています。

また、K―POPや韓国ドラマの人気は「第○次韓流」というくくりを越え、日本に定着したと言っても過言ではありません。韓国旅行のビザを求める長蛇の列がニュースに取り上げられるほど、民間レベルの好感度はまだ健在のようです。

日韓の歴史が相互交流や友好を妨げるのであれば、歴史問題を不問にして互いに楽しむことができる分野に限定して付き合うのがいいじゃないか、という意見や態度もあるでしょう。

しかし、まるで臭い物に蓋をするように、本音を隠して建前だけで付き合うことは新たなストレスを作りだし、そんな面倒臭いことならお断りという弊害を生む危険があります。少々厄介ではあっても同時代を生きる私たちが、親たちが経てきた歴史、私たちがこれから共に作る歴史に真摯に向き合うことが前に進む第一歩だと思います。

信濃毎日新聞の田中陽介報道部デスクは新聞の役割について「自国の代表のような顔をして他国を

非難することでもなければ、問題を脇においてただ仲良くしましょうと呼びかけることでもない。大事なのは物事の知られざる側面、忘れ去られた一面を多角的に伝え、相互理解と対話をどう促していくか、その土台をつくること」だと語っています。

在日の歴史家・姜徳相氏が『関東大震災』を発行したのが一九七五年。二十二年後の九七年に絶版になりました。出版元の中央公論社を買い取ったのが読売新聞社で、同社の神様のような存在であった人物は過去に朝鮮総督府の役人として三・一独立運動を力で抑え込み、その功あって警察官僚に就いた経歴の持ち主です。そこに起きたのが関東大震災でした。

震災時に彼がとった行動と絶版との因果関係を踏まえ、復刻版を出版した在日二世の高二三社長は「関東大震災直後の戒厳令下で、朝鮮人が憎いからといって自警団が勝手に殺すことはできない。軍隊や警察がバックアップしたからこそ大虐殺が起きた。現在のヘイトスピーチの根源がここにある」と警鐘を鳴らしています。

戦後五〇年の在日の歩みを記録した映画『在日』。スタッフの一人だった清水千恵子さんは、「解放から五〇年、在日は営々とこの日本社会で生き続けてきた。闘い、敗れ、苦しみ、喜び、泣き、笑いながらこの五〇年を生き続けてきた。多くの在日の生きざまに思いを寄せながら映像で作りたい」との呉徳洙監督が制作を決意した言葉を紹介しています。

二〇二二年六月一八日

一般社団法人ＫＪプロジェクト代表　裵哲恩（ペー・チョルン）

第1講　「記憶を拓く――信州・半島・世界」
足元から、「国」の枠を超えて考える日韓

田中　陽介――信濃毎日新聞報道部デスク

信濃毎日新聞報道部でデスクをやっております田中陽介と申します。

昨年（二〇二〇年）の一月から半年間にわたり、日韓関係をメインテーマに連載した「記憶を拓く―信州・半島・世界」ついてお話しさせていただきたいと思います。

去年は早稲田大学のジャーナリズム講座で、地元の信州大学でも講義をさせていただきましたが、新型コロナのためにオンラインでした。こうして対面でお話しするのは初めてです。

これは新聞に毎回載ったタイトルカットです。漢字で「記憶」に、たすき掛けでハングルの「기억」キオク。よく似た発音です。まさに日本の記憶と韓国のキオク、ここをうまく共有できるのではないかというメッセージ性を込めました。

平和共同ジャーナリスト基金賞の大賞という名誉ある賞をいただきまして、今年の五月に書籍として出版されました。

タイトルカット

私は一九七七年生まれで今年四四歳になります。出身は京都でして、会社に入るまで全く信州にはゆかりがありませんでした。

大学を卒業してメーカーで働きましたが一年で転職して、信濃毎日新聞社に入社しました。長野県は東北中南と大きく四つに分かれています。南の飯田、長野市周辺、上田、松本とだいたい四ヶ所全体を回って、現在は長野本社の報道部デスクです。

信濃毎日新聞　2018年（平成30年）6月22日　金曜日　日刊　9版★

東信　上田で狭山茶を販売
北信　松代アロマで香る柴石
中信　松本のピザ職人準優勝
諏訪　カナダ人が和食修業
飯田伊那　伊那北高生プロと共演
地域ニュース26－29面

2018（平成30）年
6月22日
金曜日

発信する地元の味は「本物」
「日本一の焼き肉のまち」として発信力を高めたい飯田市。ＰＲする「焼肉大使」に、この人を任命した。地域面飯田伊那から

動員朝鮮人2600人の名簿
松代大本営建設など従事　住所や年齢記載
専門家「実態知る糸口に」

太平洋戦争中、松代大本営地下壕（長野市）など県内各地で労働に従事した朝鮮人の名簿が存在することが21日、分かった。戦時動員などで同地下壕建設に携わった朝鮮人が大半を占める2600人余の名前や住所、年齢などが記載されている。同地下壕建設の関係でこれほどまとまった人数の朝鮮人名簿が見つかったのは初めて。専門家は、名簿を基に本人や遺族をたどるなど調査を進めることで、当時の労働実態を明らかにできる可能性があるとみている。【関連記事35面に】

国学院大（東京）の上山和雄名誉教授(71)＝日本近現代史＝が1990年代初頭に米国議会図書館で発見し、写しを取って保管していた。

名簿の多くは「帰鮮関係編纂」と記された史料の中にあった。敗戦直後に朝鮮人が帰国する際、工事事業者や警察署が作ったとみられる。

松代大本営地下壕の工事を担当した「西松組」の表記がある「移入朝鮮人労務者名簿」（手前右）と、「半島人輸送資料」（同左）の写し。創氏改名した朝鮮人の名前や住所、年齢などが記載されている（画像の一部を加工しています）

松代大本営　太平洋戦争末期、本土決戦に備えて国家の中枢機能を移転するため、長野市松代地区などで計画された巨大な地下壕や通信施設。地下壕には政府の各省や天皇・皇后の御座所の建設が計画された。工事は建設会社の西松組や鹿島組などが請け負い、松代地区では1944（昭和19）年秋、総延長約13㌔に及ぶ地下壕工事が始まったが、敗戦で未完成のまま中止。工事に動員された主力は朝鮮人だったとされる。

スクープ報道（２０１８年６月22日）

これまで警察・司法畑が長くて、安保法案提出の頃には平和や安全保障を、二〇一六年に一八歳選挙権が始まると若者をテーマにした長期連載をやりました。市町村の行政担当もいくつかやっています。

●松代大本営地下壕の朝鮮人名簿

この日韓の長期連載に取り組むきっかけについてお話ししたいと思います。松本の報道部デスクのとき、所属していた若い女性記者がスクープを書きました。その内容は松代大本営地下壕づくりに動員された約二六〇〇人

の朝鮮人名簿があったという話です。

それ以前からこういうものがあるだろうと言われていましたが、その存在は明らかでなくて、じつはアメリカの議会図書館に眠っていました。それをある日本の研究者が九〇年代に見つけて公表せずに持っていたのです。動員された朝鮮の方が終戦を迎えて朝鮮半島に戻るときに、「帰鮮関係資料」として創氏改名後の名前、年齢や家族構成、韓国の住所などを警察が一人ひとり記して残したものだと思われます。

この松代大本営地下壕の労働実態については、全容が未だわかっていませんが、あらためて少し説明させていただきたいと思います。

太平洋戦争の末期、本土空襲が本格化します。日本はいよいよ上陸してくる米軍との本土決戦を迎えるということで、天皇、皇后の御座所をはじめとする国家中枢を疎開させる計画が立てられます。陸軍が、長野市南部の松代地区の三つの山に巨大な地下壕を建設する計画を立てました。この図（象山地下壕見取り図）のように、碁盤の目のようになっていまして、総延長約一三キロメートルです。このうちの一〇キロを掘削したところで敗戦を迎えました。現在は、このL字型の五〇〇メートルの区間だけを見ることができます。修学旅行生などたくさんの人が訪れる場所です。

当時、朝鮮の方が約六〇〇〇人から七〇〇〇人動員されたと言われていますが、秘密保持ということで、当時の資料や記録はほとんど残っていません。だからどのくらいの方が亡くなったのか、どのくらいの方が何処から連れてこられたのかとか、どんな労働実態だったのか、全容は分かっていないという状況です。

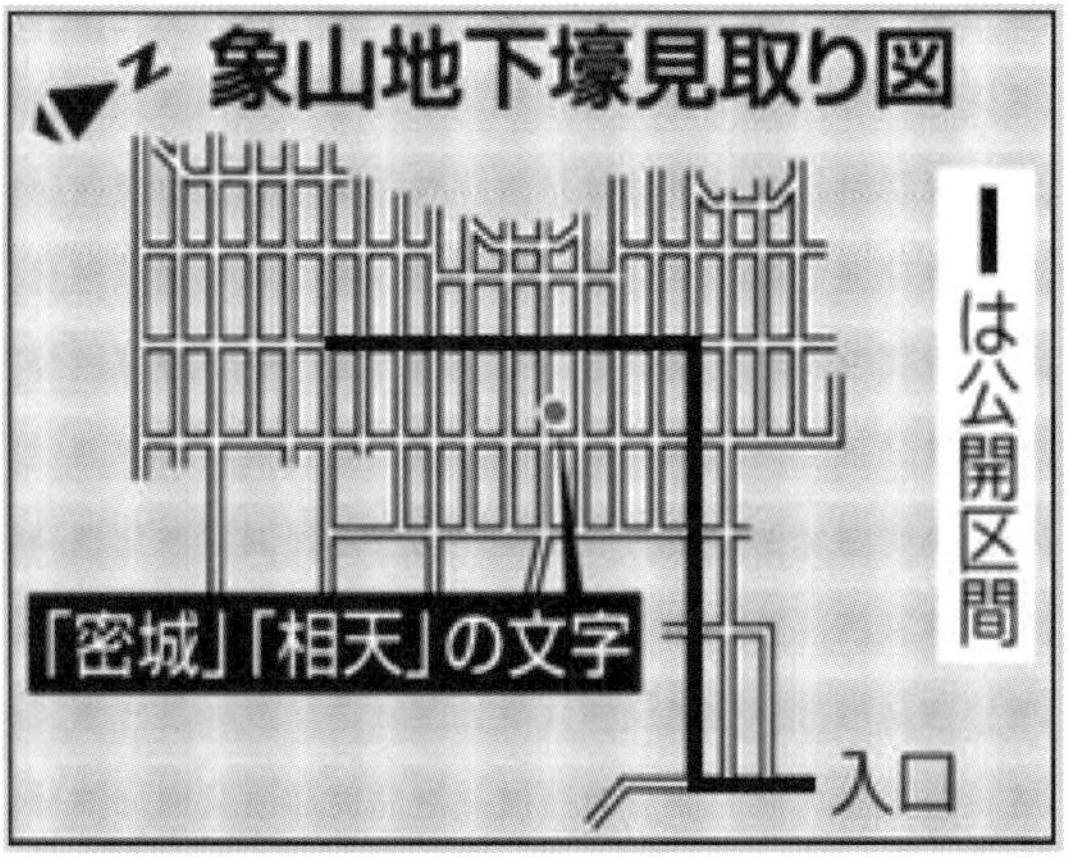

坑道に刺さったままの削岩機の先端

下の写真は削岩機の先端です。穴を掘ってそこにダイナマイト埋め込んで爆破しますが、それが、今も坑道に刺さったままになっています。こういう工事でしたから非常に危険で、多数の犠牲者が出たと言われています。

そうした方々の一部ではありますが、創氏改名後の名前や出身地、家族構成を記した記録がこの写真の名簿です。これを元に、韓国に行って当事者家族を探せば、当時の労働実態などの証言が得られるのではないかと考えたのが始まりでした。

これが見つかった年の一〇月に徴用工問題が大きく取り上げられ、日韓関係が悪化しました。その情勢も踏まえて、自分たちの足元の歴史を紐解くことで、過熱する日韓の歴史問題をあらためて捉え直して、相互理解を深める契機にしたいと考えました。

取材班はこの名簿の存在を報じた女性記者を含めて三人で、私がデスク、それから二〇一八年の平昌五輪の取材以来、韓国にハマった女性カメラマン、今は「ＢＴＳ命」みたいな女性カメラマンと、総勢四人で走り出すということになりました。

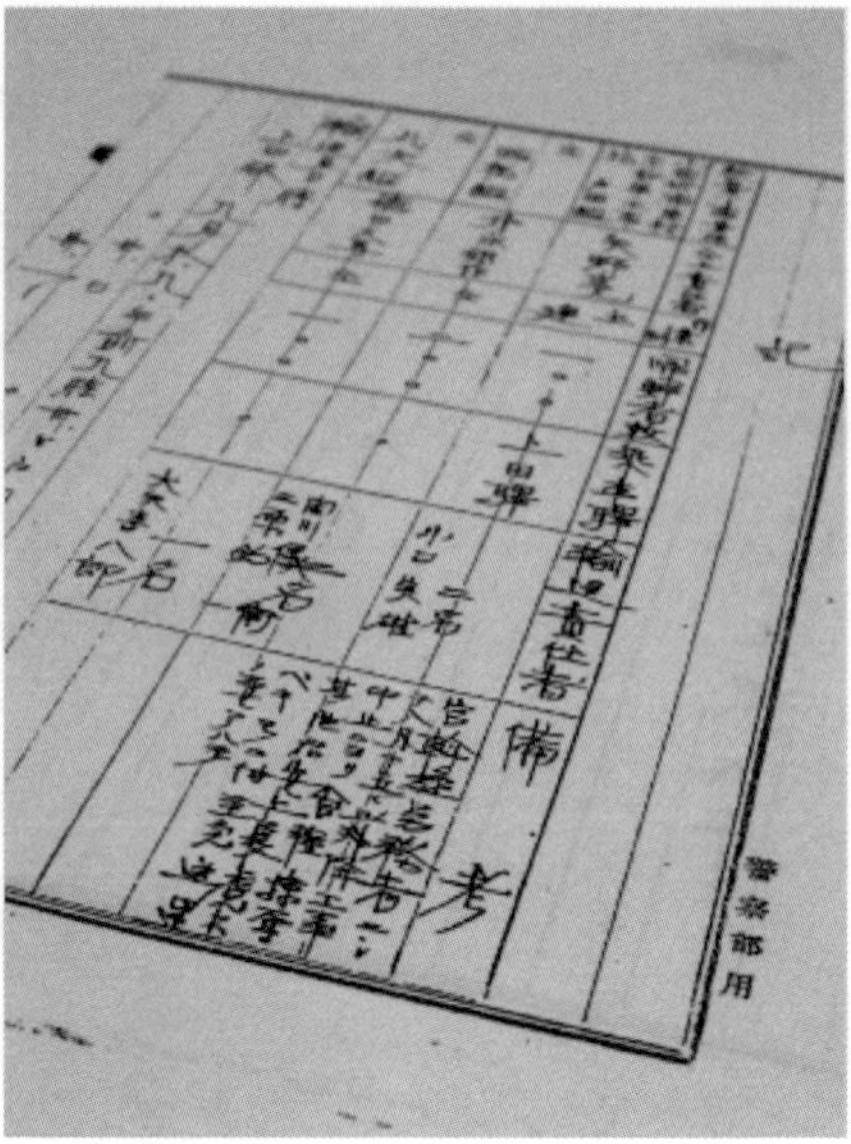

存在が明らかになった朝鮮人名簿

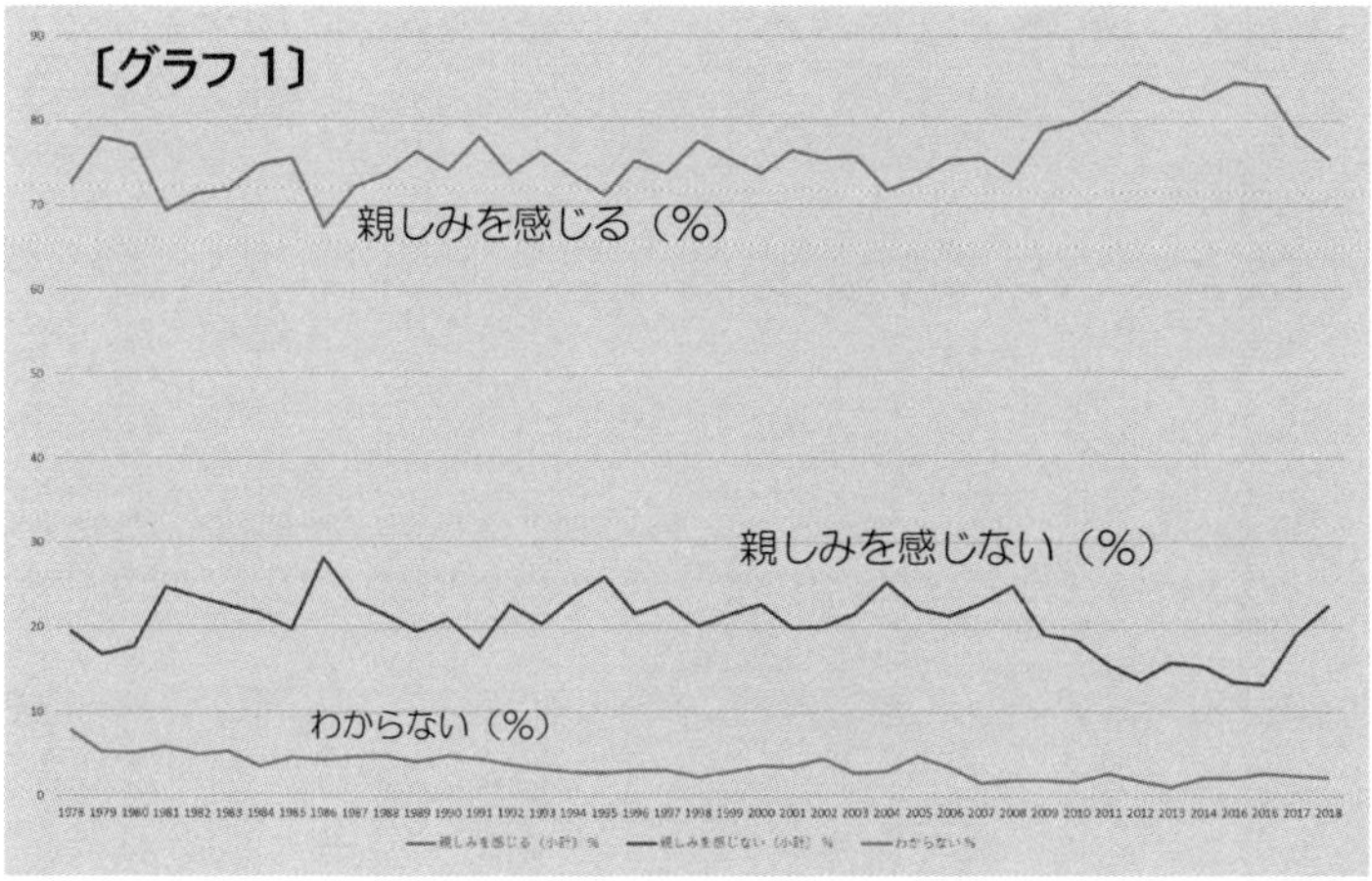

●内閣府の好感度アンケート

内閣府は、毎年様々な国に対して日本人が持っている印象についてアンケートしています。**〔グラフ1〕**は一九七八年から二〇一八年の四〇年間で、ある国に対して日本人が持つ印象の推移です。上の折れ線が「親しみを感じる」、その下の折れ線が「親しみを感じない」、一番下が「わからない」です。

これがどこの国かおわかりになる人、いらっしゃいますか。（会場：アメリカ）素晴らしい。そうです、アメリカです。八〇年代の貿易摩擦があり、イラク・アフガン戦争があり、安保法案が出されたり、オバマからトランプに大統領が代わったりしたのですが、概ね七〜八割の日本人は、アメリカに親しみを持ち、二〜三割が親しみを持っていないという具合に続いたことがわかります。

〔グラフ2〕はどこの国でしょうか。アメリカとは全く逆で、概ね七～八割の日本人は親しみを持っていない。一割～二割ぐらいの人が親しみを持っているということで推移しているグラフです。ヒントは、九〇年あたりで折れ線が近づいている。そう、これはロシア。ペレストロイカからソ連崩壊にかけて、一時的に親近感がちょっとだけ上がりましたが、ほぼ一貫して日本では親しみのない国。隣の国ですがずっとこういう状況です。

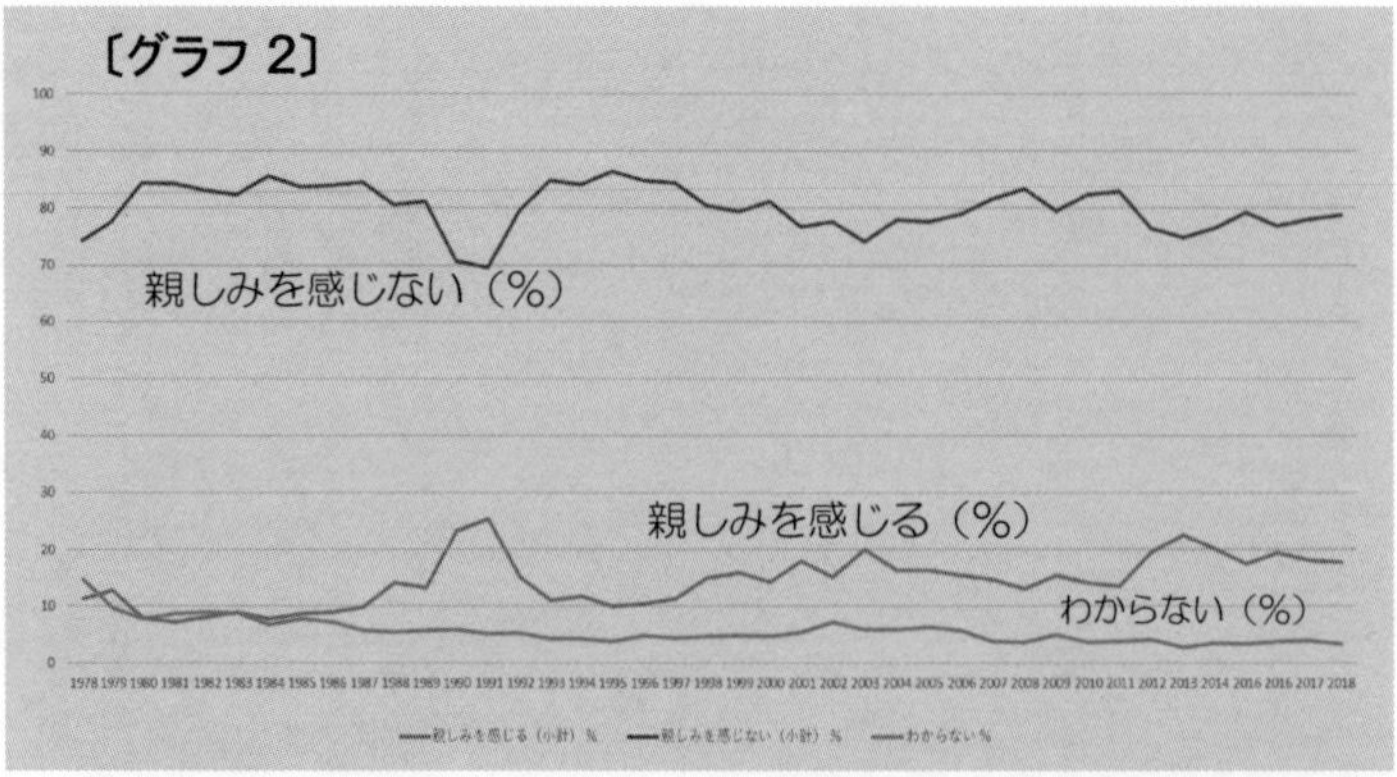

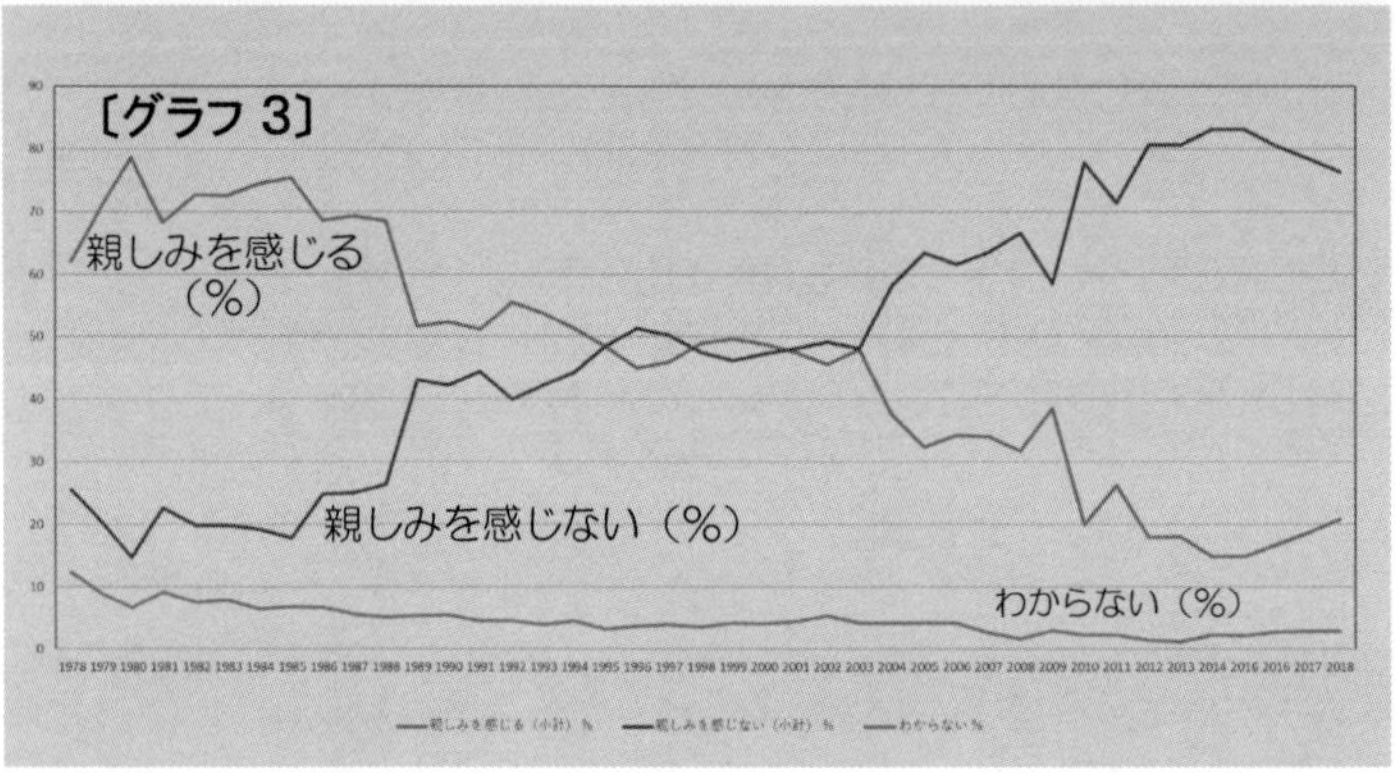

では、**〔グラフ3〕**はどこの国でしょうか。「親しみを感じる」と「親しみを感じな

〔グラフ4〕 韓国に対する親近感（内閣府・外交に関する世論調査）

親しみを感じない（％）

親しみを感じる（％）

わからない（％）

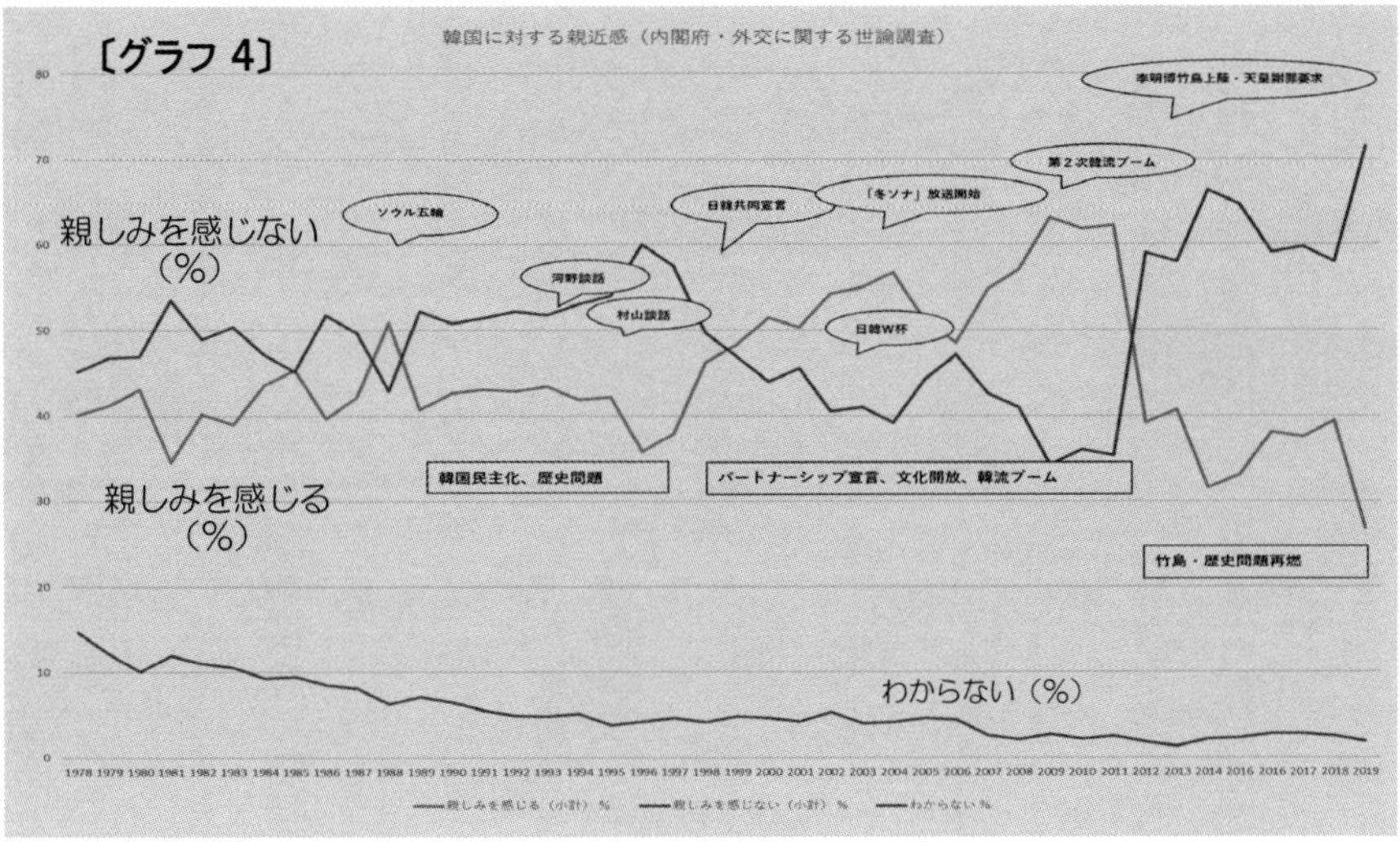

い」が、九〇年代半ばを中心にしてバッサリ入れ替わっています。（会場：中国）はい、これも正解です。二〇〇〇年代前半にかけて綺麗に逆転しました。今は領土問題や香港への圧力などで悪いイメージばかり広がっていますが、八八年くらいまでは非常に多くの日本人は、中国に対して好感を持っていたわけです。

折れ線がザクっと近づいてしまった契機が八九年の天安門事件で、しばらくもみ合いになりますが、決定的なのは二〇〇五年の反日デモです。尖閣問題、漁船衝突問題などがあって、どんどん中国のイメージが悪化しました。

韓国はどうかということですが、何かあるたびに激しく乱高下します【グラフ4】。これまで紹介した国のような安定感がありません。韓流ブームが起きているときはいいけど、歴史問題が浮上するたびに入れ替わりました。何があったかがざっくり書いてありますが、直近（二〇一九年）では「親しみを感じない」が七割を超えています。「親しみを感じる」が三〇パーセントを割っています。政治に対してビビッドに、国民感情が反応してしまうところに日韓関係の特徴があると思っています。

ここで一つ、小さな動きで注目したいのは、この一番下の折れ線です。親しみを感じる感じないではなく、「わからない」というものです。七八年だと一五パーセントぐらいが韓国に対して「わからない」と答えていますが、その後ずっと減っています。二〇一八年には、「わからない」がほとんど無くなりました。軍事政権の時代は「謎の国」でしたが、対立にせよブームにせよいろいろな情報を経て、一定のイメージが持てるようになった。ここは一つ注目される点かなと思います。

●問題意識と連載方針

長野県の地方紙として、私たちはこれをどんな連載にするか考えました。

日韓の歴史問題は、徴用工や慰安婦問題、植民地支配の問題など、当時合法だったか違法だったか、強制か出稼ぎかといった二項対立をずっと続けてきたように思えました。結局は「国益」とか「国の責任」とかいつも「国対国」の枠組みばかりで語られているなと感じていました。

一方で長野県の地方紙ですから、韓国に全く取材拠点がありません。取材班の個々人は韓国に皆行ったことはありますが、取材経験がある記者は一人もおりませんでした。だから日韓の政治問題や外交問題、韓国政治について、深く入って高所から論じるというようなことは、正直できないと思いました。

もう一つは歴史問題を深めるわけですが、新聞ですので当然ニュースを伝えなくてはいけません。単に歴史を紐解くだけでなくて、今を生きる人々に光を当てなければいけないのではないかと思いました。

その結果、連載の方針として、まずイデオロギーやナショナリズムを背景とした国家間の対立を報じるのではなく、地域を歩いて集めた一人ひとりの生の証言を連載の軸にしようと決めました。

その上で、松代の名簿に名前が残っている人は、ほとんどが韓国中南部の山村の出身者です。そこにはもちろん地方紙もありますが、韓国では多くのメディアがソウルに寄っている部分もあるので、地方の声がなかなか届かないと思いました。

それなら長野県の地方紙が入っていって、いつもの取材と同じようにその地域の人々の声に耳を傾けてみてはどうだろうかということになりました。韓国中南部は信州とよく似た地形で、例えば山に入ると長野県にある筑北村《ちくほくむら》にすごく似ているとか、記者がものすごく既視感を感じたようです。

そして三番目に、過去の記憶がどのように現在に伝わっているのか、国の歴史ではなくて個人の記憶から紐解いていこうという方針を立てました。

●長期連載の構成について

それを連載の章立てに落とし込んでいくわけですが、出だしからいきなり松代大本営というのもなあということで、二〇二〇年はオリンピック・イヤーでしたので、まずは読者の関心を引くために長野県にゆかりのある朝鮮人オリンピアンとその子孫を取り上げることにしました。

その後に本題です。連載のきっかけとなった松代大本営、この朝鮮人名簿をもとに、韓国中南部で四カ月にわたって当事者や遺族を探しました。

連載の章立て

プロローグ（2020年1月3日）
第1部「金メダリスト孫基禎」（1月4日〜14日）
第2部「動員者たちの名簿から」（2月15日〜2月29日）
第3部「歴史は邪魔もの？」（3月18日〜27日）
第4部「境界のひとびとへの視線」（4月27日〜5月10日）
第5部「断絶が覆う世界に」（6月8日〜18日）
第6部「ナショナルを超えて」（6月23日〜27日）
エピローグ（6月28日）

それからまさに今を生きる人たちを取り上げるということで、韓流ブームが第三次か第四次かと言われますが、この日韓の若い世代、そして在日コリアンに対するヘイト問題も外せないということで、歴史問題を絡めながら、現状をリポートしました。

それから新型コロナで、なかなか韓国に取材に行けないという状況もありまして、国内でできる取材は何かと考えた結果、感染症に対して日韓が共に戦った歴史というものがありまして、それを紐解く企画も展開しました。

最後に、国の枠組みにとらわれず共感を広げようという人々に光を当てる取材。第一部から第六部まで展開しまして最後にエピローグという構成になりました。

●「第一部　金メダリスト孫基禎」

その第一部が孫基禎（ソン・キジョン）さん。今日は会場に御子息の孫正寅（ソン・ジョンイン）さんがいらっしゃいますけど、金メダリスト孫基禎からスタートすることにした次第です。

評伝を書かれている寺島先生もそちらにいらっしゃいます。一九三六年のベルリン五輪、そのマラソンで「日本人」として金メダルを獲得した朝鮮人ランナー孫基禎さん。朝鮮が日本の植民地だった当時、孫さんはその屈辱から、表彰台の上で胸の「日の丸」を月桂樹で隠したという有名なエピソードがあります。記事の白黒写真で分かるように、月桂樹で「日の丸」を隠しています。その月桂樹は、今、ソウルで見上げる高さに育って孫基禎記念館に立っています。

表彰台の孫基禎。胸の「日の丸を月桂樹で隠している。手前は二着の南昇龍（ナム・スンヨン）

日本政府は、孫基禎が独立運動のシンボルになることを恐れて監視しま

孫基禎の孫の銀卿さん（右）と作家の柳美里さん（左）

す。一方で朝鮮人の英雄として、朝鮮の若者の前で演説させて戦時動員に利用したというようなことがありました。

寺島先生の評伝にも登場しますが、孫基禎は一六歳の頃に出稼ぎとトレーニングを兼ねて長野県の諏訪市に半年間滞在しました。

その孫《まご》の銀卿（ウンキョン）さんが、偶然、諏訪市の隣の茅野市でロッジの経営に携わっていらっしゃいました。それで取材を始めまして、記事のこの写真は、孫銀卿さんと左が作家の柳美里（ユウ・ミリ）さんです。柳美里さんもおじいさんが、戦争で中止になった幻の東京五輪（一九四〇年）に出場することが有力視されたマラソン・ランナーでいらっしゃいました。その話を『8月の果て』という小説に書かれています。

まさに朝鮮人ランナーの祖父を持つ二人、実はソウルで開かれたマラソン大会に一緒に出場しているのですが、この二人の再会のシーンから企画を始めました。

私たちは信州の新聞ですので、やっぱり信州に引き寄せて、身近にこの歴史を読者に伝えようと思いました。

そこで、一つは孫基禎が諏訪にどのように渡ってきたのかということ。地元に古老の証言記録が残っていて、当時、孫基禎はうどん屋で働いていたのですが、ものすごく速い自転車でうどんを配達する青年がいるということでした。その人が後にオリンピックに出たと聞いてびっくりしたという証言が残っていました。

それから、孫が諏訪に渡るときのルートを地図にしているのですが、この年に松商学園が甲子園で優勝して凱旋し、みんなから「よくやったぞ」と駅で言われている様子を、孫基禎が偶然目にしたという自伝が残っています。

それはどこの駅だったかということを、松商学園の学園史から紐解いて、何時頃にどこの駅で孫基禎は松商学園の生徒たちを見たかわかったという話。松商学園は長野県代表として甲子園の常連校であり、地元でも非常に知名度の高い高校です。その球児の凱旋を見て孫も「自分もすぐこういうふうにみんなから祝われるように頑張るぞ」と決意した。孫基禎の自伝にはそういうふうに書かれていますが、そういったことも実はあまり諏訪の地元では知られてない話です。

それから東亜日報は表彰台に立った孫の写真を掲載したときに、胸の「日の丸」を消すという事件がありました。携わった記者が日本の官憲に拷問されるわけですが、その李吉用（イ・ギルヨン）さんという記者の息子さんの李台永（イ・テヨン）さんという方が韓国にいらっしゃいます。

この方も李吉用さんの後を継ぐようにスポーツ記者になって、今は大韓体育会の顧問をやってらっしゃいますが、その方を探して韓国に行きました。

そこで聞いたことは、逮捕・拷問された李吉用記者は、戦後は北朝鮮に拉致されて行方不明になっているということでした。その息子さんである台永さんは、日本と北朝鮮に対してすごく恨みを持ち続けてきたわけですが、我々が韓国に尋ねていくと、「長野県の白馬というところに私の大変尊敬する人がいるんですがご存知ですか」と聞かれました。

この方、スキーを主にいろんな代表をやってらっしゃいますが、白馬村に全日本スキー連盟専務理事の丸山庄司さんという方と交流があるということがわかりました。

たまたま取材をしていた記者が以前に白馬支局に勤めていて、その丸山さんと交流があり、「えっ、丸山さんご存知なんですか」と、話が展開しました。南北分断の後、スキーの適地は全部北にあるので、韓国はスキー技術や設備が遅れていました。丸山さんは六五年以降、何とかしてやらねばと思って平昌に行って、進んだ日本のスキー技術を伝えます。韓国から白馬にスキー選手を呼んで一緒に大会に出場したりして、それが最後、平昌での冬季五輪に繋がるわけです。

丸山さん自身も、韓国に対して申し訳なかったという日本人としての思いも強かったそうで、まあ行ったらいろいろ恨み事とか言われるのではないかなと思っていたらしいです。ところが、行ってみたら日本に対して、特にスキー技術に対して熱い思いを持つ韓国の人たちと出会って一緒にやっていけたと話されました。

この李台永さんも日本に対してすごく恨みを持っていて、日本語を使うのは今でも父を裏切ったような気持ちになることもあると語りましたが、丸山さんと出会ったことでその恨みというものは和らいでいったというようなお話をされていました。

もう本当にこれも偶然の取材ですが、長野県と繋がっていったという感じになります。

●「第二部　動員者たちの名簿から」

第二部が松代大本営の名簿をもとに、韓国で取材した記事になります。四カ月取材した結果、名簿の中から動員者の家族一五人の生存が確認できて、八人から証言を得ることができました。

残念ながら、労働者本人は見つかりませんでした。名簿がもし一〇年前に見つかっていたら、生存者を見つけることができたかもしれません。

当時、子供だった人たちの証言です。工事で傷を負った人がたくさん横たわっている姿を見たとか、ダイナマイトの音を聞いたとか、そういった証言が得られました。当然のことながら、日本の植民地支配を厳しく非難する人もいた反面、意外でしたが、今の暮らしから見て長野の思い出がすごく大切であるというような感想をおっしゃる方もいらっしゃいました。

この中で私たちはどういったことを大事にしてきたかということですけど、松代にいた労働者家族たちは、その後帰国してから朝鮮戦争を体験するわけです。

南北で総人口の二割にあたる四〇〇万人が亡くなる戦争で、松代から帰ってから悲惨な戦争を体験した。より悲惨な記憶が上塗りされたわけです。

だから私どもは、松代のことだけ聞くのではなく、その後の南北の戦争についても聞いて載せています。

やはり、日本との関係だけで切ってはいけないだろうと思ったわけです。日本に関係があったことだけはよく勉強するけど、日本と関係ないことについては勉強しないという姿勢は、ちょっと違うだろうということです。その後の南北の戦争で一体何があったのか、日本人はあまり知らないその部分も証言してもらいました。朝鮮戦争についてだけ書いた回もあります。

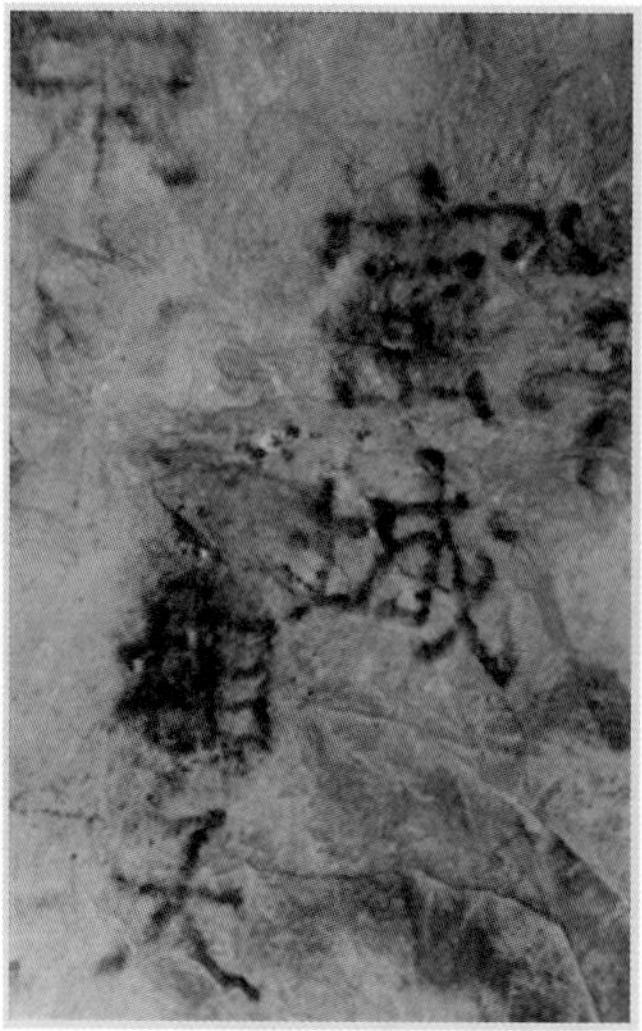
松代大本営の地下壕に残る「密城相天」の落書き

それから松代大本営地下壕に有名な落書きがあります。それがこの写真で、「密城相天」と書いてあります。これは長い間地名と思われていました。密城は昔の密陽《ミリャン》、今の密陽の昔の読み方で、書き方で「密城」があるそうなので、これはおそらく地名で「相天」は何かなっていう感じでしたが、人名だということが名簿から判明しました。
住所が書いてあったので、この落書きの主を探せるかもしれないということで訪ねました。

残念ながらご当人は亡くなっていたのですが親戚がいて、「おお、相天か」ということで非常に驚いていていました。

相天は朝鮮に帰ってから、奥さんに暴力をふるったり、新興宗教にはまったりして、その後亡くなりました。これまで松代大本営地下壕を訪れる修学旅行生などへの説明では「これは地名だよ」と紹介されていたのですが、連載後、これは人名であると説明されています。歴史の中に、一つ輪郭をつけることができたかなというふうには思っています。

それから、当時子供で松代にいたおばあちゃん。最初全然そっけなかったのですが、取材を続けていく中で、松代の写真を記者が持っていって見せたところ、だんだん思い出してきて、「お父さん、そういえば昔すごく咳込んでたなあ」というような話をされました。じん肺かどうなのか、今から検証のしようもありませんが早く亡くなられた。当時のことを思い出して、私たちの前で涙するというシーンがありました。

●「第三部　歴史は邪魔もの?」

第三部では打って変わって、「若者の今」を取りあげました。

K―POPアイドルに憧れる長野県の池田町出身の女性を取材して、交流を深める若い世代にとって、溝となっている歴史は日韓の若者にとって邪魔ものなのかどうなのかと問題提起しました。先ほどBTS大好きカメラマンがいると言いましたが、K―POPカルチャーについてもソウルで取材してきました。

「歴史は邪魔もの?」というテーマですが、歴史を通じて次世代の相互理解というものの可能性は探れるのかということを論じました。池田町出身の女性はK―POPアイドルを目指しているのですが、

専門学校でK-POPを学ぶ次世代の若者たち

この写真はアイドルとかアーティストを養成する東京スクールオブミュージック&ダンス専門学校です。J—POPコースもありますが、J—POPは今、希望する人がゼロだそうです。みんなK—POPコースです。ここで何をやっているかというと映画です。『密偵』という韓国映画で、あのソン・ガンホさんが主役で、植民地時代の日本の警察を演じた非常に難しい役ですが、こういう映画で韓国の近現代史を学ぶという授業を計画していました。

卒業生が卒業後韓国に行って、「えっ、日本って昔、韓国を植民地にしてたんですか?」みたいなことを言ってしまったら大炎上です。つまり一つの「危機管理」として韓国の歴史を学んでもらおうというわけです。ただ、教科書的に教えたのでは若者の頭には入っていかないということで、クオリティの高い韓国映画を見せて、知ってもらおうという取り組みです。学校としての危機管理ではあるのですが、これも一つの次世代の相互理解のやり方なのかなと思いました。

それから飯田に留学していた韓国人の男性。ホームステイのホストファーザーが嫌韓のおじさんだったということで大変苦労するんです。それでも生身の付き合いの中でやっぱり親交を深めていく。その過程を追いました。

●「ヘイト」「断絶と国際連携」「ナショナルを超えて」

第四部以降も詳しく説明したいのですが、時間の関係もありますので端折《はしょ》って説明したいと思います。

第四部は在日コリアンに対するヘイト問題に焦点を当てました。朝鮮学校の補助金交付支給停止に抗議する弁護士に対して、大量の懲戒請求書が届くという事件がありました。ある長野市の女性弁護士にもツイッターでちょっとつぶやいただけで九五〇通の懲戒請求書が届いたということがありまして、その話を起点にヘイトの実態を追いました。

また、そのヘイトが向けられる在日の方たちの歴史や実生活も紹介しつつ、日本では韓国のアイドルが対象になったときだけ話題になる徴兵制についても、若者にとってはどういうものか少しだけ触れています。

第五部では、コロナ禍の現在と重ね、忘れ去られつつある日韓の寄生虫感染症対策を巡る共同研究を紹介しました。

一九七〇年代、韓国の済州島《チェジュド》でフィラリアが流行っていました。フィラリアは死に直結しないのですが体が変形したりして、ＱＯＬ（生活の質）が下がる病気です。日本では戦前、長野市出身の宮入慶之助（みやいりけいのすけ）が九州大学の教授になって、巻貝（ミヤイリガイ）が日本住血吸虫の宿主《しゅくしゅ》だということを解き明かしました。戦争で日本は南方に攻め入ったこともあって、日本は寄生虫感染症に対する研究が非常に進んでいました。

戦後はその平和利用といいますか、韓国に行って韓国の研究者たちと一緒にこの済州島のフィラリアと戦う歴史を書いています。

これはまさにコロナによって世界で断絶が広がる中、国の枠を超えた国際連携がどうあるべきかということを歴史からたどったものになります。

天然痘など撲滅された感染症もありますが、これも国際連携、国の枠を超えた協力なくしてはあり得なかった。今のコロナもそうですが、こういったものの起点はどこにあるかということで、こうした日韓の協力も今、目を向けるべきテーマの一つだと思います。

最後になりますが、東日本大震災を在日の方が取り上げた「一陽来復」という映画があります。これを作った在日三世の映画監督、佐久市に住んでいらっしゃった尹美亜（ユン・ミア）さんという方の話。

それから南北軍事境界線近くに、ヘマル村という村があります。地雷が埋まっていて、空洞化が進んでいる村です。日韓の建築士たちのグループが共同して、アートで町おこしに取り組もうという活動をしてらっしゃいます。こういうことも含めて、ナショナルを越えて、しかもそこに負の歴史を絡めながら、それを超えていこうという人々を紹介しました。

●提言と記者の気付き

これはキャンペーン報道だったので、最後に「国を越えて人々と関係を結ぶ出発点」という提言をしました。国家間の対立だけに目を捉われるのではなくて、個人に引き寄せて、他者への理解と想像力を育むことの必要性を一貫して訴えました。その出発点とは何か。五つあります。

一つは複雑で多様な個人の記憶に目を向けること。これは孫基禎さんのこともそうですし松代大本営のこともそうですが、個人の記憶を追っていくと、教科書通りの歴史観からははみ出した記憶がいっぱいあるんです。そのようなものにたくさん触れることによって、相手の歴史観にも一理あるなということから、一つ相互理解というものが深まっていくのかなと思います。

「国」を超えて、人々と関係を結ぶ出発点を提言

連載では国家間の対立だけに目をとらわれるのではなく、個人に引き寄せて他者への理解と想像力を育む必要性を一貫して訴えた。そして、国を超えて人々と関係を結ぶ「五つの出発点」を提言した。

①複雑で多様な個人の記憶に目を向ける
②歴史の「争点」だけに目を奪われない
③人々が直面した苦難、痛みに寄り添う
④対話に歴史を持ち出すことを恐れない
⑤歴史的な葛藤を抱えつつも前へ進む

私たち新聞が日々取材する中でもそうです。個人の記憶や体験というのは非常に多様で複雑です。それを丹念に追っていくことで、両極端ではない歴史というものが見えてくるのではないかと思いました。

それから歴史の「争点」だけに目を奪われないこと。これは一つ目と似たような話です。

そして人々が直面した苦難、痛みに寄り添うことです。松代大本営地下壕は長野県にとって非常に大きなテーマですが、松代だけに捉われてはいけないのじゃないかと思います。松代で苦労した人は、その後朝鮮戦争というもっと大変な苦難を受けました。その時、日本は好景気に沸いたことで間接的に関与したかもしれません。今、朝鮮戦争に関心を持つ日本人は少ないわけですが、やっぱり私たちは、他者が陥った苦難、痛みに寄り添っていく必要があるのではないかと思います。

それから若者の話でも取り上げましたが、対話に歴史を持ち出すことを恐れない。歴史なんか関係なくお付き合いしようという考え方もあるかもしれませんが、いろんなところで歴史は出てくるものです。それなら持ち出すことを恐れず、どうやって付き合っていくかということを考えた方がいいと思います。そういう葛藤はすぐさま無くなるものではありませんが、葛藤を抱えつつも前に進んでいくことが大事じゃないかというふうに思います。

以下は取材班の記者が新聞に書いた「気付き」です。

「取材を始めた当初は、日本と朝鮮半島はどうすれば仲良くなれるかばかり考えていた。歴史認識の溝を埋めるためには何が必要なのかと、本を読みあさった。だが、取材を進めるうちに考えが変わった。取材の目的は仲良くなることではないと思うようになった。大切なのは隣の国で、過去に何があったのか、今を生きる人がどんな思いでいるのか、それを知ろうとすることだと」。

大変おこがましいのですが、新聞の役割とはどういうことなのかと、私なりに考えました。

自国の代表のような顔をして他国を非難することでもなければ、問題を脇に置いといて、ただ、仲良くしましょうと呼びかけることでもないと思います。

大事なのは物事の知られざる側面、忘れ去られた一面、こういったものを多角的に伝えて、分断された社会の中で、相互理解と対話をどうやって促していくか、そこの土台をつくっていくことが私たちの仕事だと思っています。

最後に昨年一二月にアフガニスタンで凶弾に倒れた中村哲先生の座右の銘「一隅を照らす」に触れたいと思います。これは天台宗の最澄上人の言葉です。多くの人が知らない、あるいは顧みられてない、そういった暗闇に一つひとつ光を灯して、世界をほんの少しずつ明るくしていく。これが新聞記者の仕事であるというふうに思っています。

連載企画のタイトル「記憶を拓く」にはそんな思いも込めています。一隅を多少なりとも照らしたというふうに言えるかどうかわかりませんが、何とかしようともがいた結果を書籍として形にできたことは良かったと思います。

ご清聴ありがとうございました。

〔質疑応答〕

司会　それでは質問を受けます。私から質問します。信濃毎日新聞は長野県下、近隣地域含めて一番購読者が多い新聞ですね。

（A）はい。

司会　この連載を続けるにあたって、良いものと悪いものと含めてですが、特にヘイト的な反響はなかったでしょうか。

（A）当初私たちもヘイト的嫌韓的な感想が来るだろうと予想していたのですが、蓋を開けてみると数件ぐらいでした。一番多く来た反響は、松代大本営の章を読んで、当時のことを思い出したという地元住民の声でした。そういえば、当時たくさん朝鮮人の子がいて一緒に遊んだとか、日本人側の記憶を呼び起こしたケースがかなりありました。「ああ、朝鮮人は大変な思いをしたのね」というような感想が一番多かったです。

諏訪地方では孫基禎さんのことで、「昔来たような気がする」とか「講演を覚えている」とかです。諏訪では大変好評で、注目されたような感じです。

ヘイトではないのですが、やはり「日本の新聞が『強制連行』という書き方をするのはいかがなものか」みたいなものは来ました。なぜ「強制連行」と書くのかについて、メールで来たものには縷々説明しました。外村大（とのむらまさる）先生の本や、当時の朝鮮総督府の話などを引用しながら丁寧に私なりの見解を説明しました。

読者の反響ももちろん載せており、ヘイト的なものについても、なぜそう思ったのか取材したいと思いましたが、ほぼすべて匿名でした。このためアクセスすることができませんでした。

ただそれも本当に数件という感じです。読んで共感したという感想が大半を占めたと思っております。

（Q）日本のマスメディアは、韓国の近現代史、特に戦時中のことを取り上げることが非常に少ないと思います。御社でこの問題を取り上げたのは、何か他のメディアのやり方とは違うことがしたかったのですか。

（A）マスメディアの中で違うことがしたいというよりは、この松代大本営というものが弊社でずっと宿題になっておりました。当然戦時中は全く報じていませんが、戦後しばらく経ってから、「松代に巨大な穴があった」という報じ方で始まりまして、そこからずっといわゆる徴用されて働いてきた朝鮮の人の話は深めるべきテーマでした。でも当事者が見つからなくて、壁に当たってきた宿題として残っておりました。

二〇一八年に遅まきながら名簿が見つかり、やっぱりこれは地元紙として絶対取り上げるべきテーマだということで始まったのが本企画です。地元の歴史に目を向けようということが一つ。

それから我々のいつものスタイル。地元の人、市井の人に丹念に話を聞く。これは今に始まったことではありません。例えば長野県から満州に渡った人々の歴史です。長野県は全国最多の満州開拓民を送り出しており、「八月ジャーナリズム」と言われるように、新聞は八月だけ戦争のことを報じていると批判されますが、私たちは年がら年中開拓民の記事を書いています。今も「今語らねば」という企画記事を通年で連載しています。「八月を待っていたら、この人その前に亡くなってしまうよ」ってことで、地元の戦争の歴史というのは報じています。

ですから特別なことをやったというよりは、いつもやっていることをあらためて長期連載として取り組んだという感じです。

(Q)勉強不足で申し訳ないですけど、この名簿を最初に発見した国学院の教授、この方はなぜ三〇年近くこの名簿を世の中に出さなかったのでしょうか?

(A)私もそれが不思議なのですが、将来的に研究の役に立つだろうということで取っておかれたそうなんです。松代の人たちとお話しする中で、「そういやこういうものがあったな」と思い出された感じでして、別に隠していたとかいうことではなくて、ちょっとしたきっかけで出てきたと聞いています。ただ松代の歴史を保存しようとしている人たちにとっては、もっと早く欲しかったという感じです。

(Q)桜美林大学の塚本と申します。これだけの重厚な連載は素晴らしいことで、まずは敬意を表したいと思います。

信濃毎日さんの読者層はリベラルな方が多いのではないか、もっと言えば長野県の県民性がリベラルではないかという認識を持ちました。ヘイト的な反応は数件にとどまり、好評を博したということであれば、その辺ももしかしたら作用したのかなあと感じたんですが、そうではなくて、どの地方でもやるべき、どの新聞社でもやるべきことをやったという感覚でいらっしゃるのか、その辺のところを教えていただければありがたいです。

（A）長野県の人がリベラルかどうか、たしかにそうも言われていますし、うちの新聞もリベラルに位置づけられているので、そのように感じられる方は多いのかなという気がします。

リベラルではありますけど、やっぱりこだわったのは事実に基づいてやろうという姿勢です。慰安婦問題や松代大本営地下壕も注目された時期が八〇年代九〇年代にありましたが、そのときは、まさに強制連行で鎖を腕に繋がれて連れて来られたみたいなことがたくさん書かれました。そうした記事に対して松代の住民の中からは「その歴史は本当なのか」「俺が見てきた歴史はそんなんじゃない」という声が上がりました。当時の左翼的な雰囲気の中で、真実の部分もあれば、誇張された部分もあり、事実と違う部分もあったりしたわけです。

そのあと地元の人たちと、その歴史の保存に取り組んでいる人たちの間で、いろいろ交流があり、やっぱり単に朝鮮人を虐待しただけではない、虐待はもちろんあったけど、地元では温かい交流もあったり、同情したりした日本人もいた。そういう中で、個人の歴史の中から紐解くと事実はどうであったのかがわかる。だから何かリベラルだとか左翼的だとかの見方ということでもなくて、いろんな葛藤もありながら紡いだ歴史を明らかにしたいという部分があるかと思います。

私たちのような地元紙は、そういう努力の積み重ねが大事かなと思います。事実に語らせるといいますか、予断をあまり持たず、何が起こったかということを、一朝一夕には解き明かせませんが不断の努力の中でやっていくことが必要かなと思います。

司会　田中陽介デスクでした。もう一回拍手を。

（日韓記者・市民セミナー　第二四回　二〇二一年一一月一九日）

第II講　姜徳相著『関東大震災』復刻出版の意義

高　二三 ——— 新幹社社長

新幹社という出版社の高二三（コ・イーサム）と申します。

僕が大学に入ったのは一九七三年で、大統領候補の金大中（キム・デジュン）氏が、九段下のグランドパレスホテルから拉致されて、韓国の自宅の前から出てきたという大きな事件があった年です。

僕はノンポリで中央大学に入りました。税理士だとか会計士を目指そうと思っていましたが、金大中氏が拉致されたというニュースに接して、民族的な何かをやらなければいけないと思って、韓学同（在日韓国学生同盟）に入りました。

僕はその韓学同の中でも影響力が強くなく、文化部でいつも資料や勉強会のカリキュラムをつくるようなことばかりしていました。それで活字に接するようになり、物書きになりたいと思いました。編集者になればいろいろな文章修業ができると思って、出版社に勤めたいと思うようになりました。

ところが出版社に一〇年も勤めると、僕に才能がないことがわかるようになります。しかも僕より才能があるけど世に出られない人が大勢いて、これでは二〇年、三〇年経っても、物書きとしては大成しないことを自分で悟り、若くて自分より才能のある人を世に出したいと思って出版社を目指しました。それで始めたのがこの新幹社です。

もう数えで七〇歳ですので、そろそろ引退しなければならないと思っていると、あちこちから、いろいろ喋れというような要求がありまして、最近はたまに「パケストK在日ラジオ」で喋ったりしています。

今日も、私の考えとしては、姜徳相（カン・ドクサン）という在日の歴史家がどういう歴史観を持って頑張っているかということをお話ししたかったのですが、司会者から、この『関東大震災』の馴れ初めを話せと言われましたので、まずそこから始めたいと思います。

●絶版になった事情と復刻版

中央公論社からこの本の中公新書が出たのは一九七五年ですので、僕が大学三年生の時でした。ちょっと小難しい本だけど、いい本だと思いました。大学を卒業して出版社に勤めているときに、この本が絶版になりました。一九九七年のことでした。

ですから本が出てからもう四五年、絶版になってから二三年が経っています。

事情があって、僕は姜徳相先生の『呂運亭評伝』という長い本を作りました。一巻と二巻まては一年ぐらいで順調に出たのですが、三巻に至るのに一五～六年かかってしまいました。

それは姜先生が韓国民団の在日韓人歴史資料館の館長の仕事に没頭したり、そうこうしているうちに闘病生活をするようになって、待たざるを得なかったんです。

一カ月に一回ぐらいお電話を差し上げて、家が近いので日曜日の午前中に出かけて行って、コーヒーをいただきながらいろいろと話をするようなことがありました。そのときに、『関東大震災』が絶版になっているけど、どういうことなのかと聞きました。「いやあ、中央公論社が勝手に絶版にしちゃったんだよ」「著者への断りもなく」というような言い方をされました。

中央公論社は昔、『中央公論』という雑誌を出していて、いい本を結構つくっていました。『世界の名著』とか『日本の名著』とか、『日本の文学』『日本の詩歌』とか、団地の本箱に入るようなコンパクトな全集や著作集を出した出版社です。僕自身も『世界の名著』を、どうしてもこの人を知りたいと思うときに読みました。詩人の金芝河をいちはやく日本で紹介したのも中央公論社でした。

最近でも、ダーウィンの『種の起源』を買ったりしました。今、古本屋さんで三〇〇円で買えますからね。いい本だなあと思いながら読むのだけれど、その中央公論社が一九九五~六年に経営が傾いたことがあります。結果的に倒産して、中央公論新社という出版社になりました。

このとき僕は本当に心配したんです。この本が絶版になるのじゃないかと……。予想通り絶版になりました。

中央公論社を買い取ったところが読売新聞社だったのです。中央公論新社と名乗りましたが資本は読売です。

読売新聞社には正力松太郎という、読売では神様みたいな人がいます。渡邊恒雄さんよりもっと上の神様です。野球選手だったら、正力賞はどうしても欲しいというような権威のある賞ですが、正力松太郎さんがこの『関東大震災』に出てきます。

一九一九年の三・一運動のときに、正力松太郎は朝鮮総督府の役人としてソウルにいました。そして、三・一運動をうまい具合に収めて東京に戻ってきた。そして、ご褒美ですよね、警視総監ではないけれど警視庁の上の方に就きました。それで、関東大震災に遭遇するんです。

関東大震災では流言飛語がいろいろ飛び交いましたが、この本の帯に示したとおり、それによって戒厳令下に大虐殺が起きました。

僕は自分が韓国人なので「戒厳令」という言葉を何回も聞いています。

故・朴正熙大統領が民主化運動に追い詰められると、戒厳令、衛戍令《えいじゅれい》を敷いて軍隊を出動させ、民主化運動を弾圧しました。戒厳令は、本来は外国からの侵略軍に備えて軍の力を強化するためのものですが、内乱のときも、やっぱり軍隊が強権をもって弾圧して押さえ込むんですね。

日本の方々が「戒厳令下」をイメージすると、五木寛之さんの『戒厳令の夜』くらいでしょうか。あとは二・二六事件とか五・一五事件で、ちょっとイメージはつくかもしれません。その戒厳令の最中ですから、朝鮮人が憎いからといって勝手に自警団が殺そうと思っても殺すことなんかできないんです。軍隊や警察の後ろ盾がなければ絶対できません。

関東大震災では自警団が殺したことになっていますが、実際は軍隊と警察がバックアップして大虐殺が起きているんです。そのことをこの本は書いています。今のヘイトスピーチの根源が、実はここにあると思っています。

何か小さな事件を大きく膨らましてデマゴギーをつくり、それを警察や軍隊の通信網を通じて流す。そして、「朝鮮人は殺してもいいんだ」という思想を民衆に植え付けていくわけです。それが関東大震災の本質じゃないかと思うんです。

当時警察のトップの方にいた正力松太郎氏もデマゴギーをつくるのに参加してる。そういうことをこの本は書いているのです。

ですから読売新聞社の人から言わせると神様のような正力松太郎氏を批判するとは何事だということになる。読売の資本が入った中央公論新社は、案の定絶版にして、その後は放ったらかしでした。

●呂運亨と金九、上海臨時政府

そして今年（二〇二〇年）の夏、「高君、話があるからおいで」と言われて、姜徳相先生の家に行きました。姜先生は呂運亨（ヨ・ウニョン）という独立運動家の本を、全四巻で完結していました。その本が韓国の独立記念館の学術賞をいただきました。

独立記念館は韓国政府が創設した機関です。呂運亨というと「社会主義者」だとか「親日派だからダメだ」とか言われて、独立運動から外されていたんです。

韓国で独立運動家として最も有名なのは金九（キム・グ）先生です。金九こそが独立運動の本筋みたいな感じです。

何も知らない七〇年前は、初代大統領の李承晩が独立運動のリーダーだと韓国では思われていました。韓国という国と政府をつくったのは李承晩だと信じられていた。でも、よく調べると、李承晩はどうもアメリカに尻尾を振って、その力を借りて大統領になった。金九こそ、戦前からの抗日独立運動家でした。

『白凡逸志《ペクポムイルチ》』という金九の著作には、八月一五日を迎えて「我が朝鮮民族としての最大の屈辱は、日本帝国主義を打倒できなかったことだ」と書かれています。自分たちの力で日本帝国主義を倒せなかった。これでは国際的な発言権を、朝鮮・韓国は永遠に持てなくなるだろうと言って泣いたんです。

その本を読んだときに、僕も感動しました。自分たちの力で日本帝国主義を打倒できなかったから、自分たちは今後、世界で発言権を得ることができなくなると考える。これこそ民族主義の骨頂です。

金九先生は民族主義者で、はっきり言って反共右翼です。彼に尊敬できるところがあるとすると、民衆と約束したことは必ずやりきる、嘘をつかない政治家、運動家だったところです。すごい人だと思います。

呂運亨先生に話を戻すと、僕は『呂運亨評伝』を作りながら思ったことがありました。それは上海臨時政府のことを、私自身がとても軽く見ていたことです。三・一運動の犠牲の後に勢いで上海にできてしまった臨時政府というふうに、ずっと思っていました。

でもそれは間違いでした。ロシア革命が一九一七年です。その三年後の二〇年には上海臨時政府ができましたから、社会主義の影響を津波のように受けていたんです。

レーニンが主催し、モスクワで行われた極東民族大会が一九二二年にありました。そのとき呂運亨先生はレーニンなどと連絡を取り合って、韓国人の朝鮮代表団として参加し、議長団の一人に選ばれています。それで呂運亨先生は社会主義者だ、アカだと言われて反共下の時代、韓国の中で外されます。

でも、呂運亨が上海臨時政府でどんなことをしていたかというと、韓中相互互助社つまり、韓国と中国の相互交流をして、共に戦う協定を結んだり、日本軍と戦う態勢をつくっていました。

中国には韓国朝鮮系の軍官学校がありました。黄埔《ファンボ》軍官学校という独立運動家をいっぱい出した有名な学校です。中国の孫文や蒋介石などと話し合いながら、韓国の独立軍を中国軍の中でつくりました。民族主義的な戦いと社会主義的な戦いを、世界を見渡せる立場で戦ったのが、呂運亨先生ではないかと思います。

呂運亨先生は一九三〇年代に反共法違反で捕まって、ソウルに送り返されます。でも、そこで朝鮮中央日報社を立ち上げます。発行したのは大衆新聞で、マラソンで金メダルを取った孫基禎（ソン・キジョン）先生や、「半島の舞姫」と言われた崔承喜（チェ・スンヒ）を大きく扱って民族意識を鼓舞するようなことをやり続けました。

それで最後の最後、四〇年頃になると呂運亨先生は日本の陸軍から呼ばれて、「中国と日本の和平を、中に入って実現してくれ」と言われます。でも「それはもう自分にはできない」と言って断わりました。

そのころから、日本は太平洋戦争で負けることがわかって、建国準備同盟をつくっていくんです。尊敬していた金九先生より世界の流れをずっと見ていて、どうすれば朝鮮が独立できるか、統一政府ができるかと考えていたと思います。韓国政府が今回、呂運亨先生に賞を与えて認めたことで、これから呂運亨先生のことが韓国で語られ、歴史の教科書にも載るようになります。

そしてこれは、呂運亨先生が日本と中国の間に入ったり、レーニンや孫文と付き合ったように、韓国がこれから北とどう付き合うかを見極めていく上でも一つの秤《はかり》になるのじゃないかと思っています。

近い将来、呂運亨先生は韓国の一〇万ウォン札になるんじゃないかと僕は思っているんです。

●二週間で仕上げた復刻版

『関東大震災』に話を戻します。中央公論新社が読売の資本に代わったときにこの本が絶版になってしまいました。

それで姜徳相先生に、この本を復刻できないかと相談しました。すると、岩波書店が現代文庫にこれを入れたいと言っているので答えが出るまで待ってくれと言われました。新幹社で出したいという欲はありましたが、岩波文庫になった方が、多くの人に読まれるだろうと思って待つことにしました。

ところが、『呂運亨評伝』が独立記念館の学術賞を取ったことで気分が良くなったのか、「高君のところでこれやれよ」と姜徳相先生が言いました。「岩波の件はどうしたんですか」と聞いたら、「返事がないからもういいよ」と言われるわけです。でもちゃんと筋を通さないと後でクレームがついたりすると嫌だから探りを入れたら、岩波はこの本の復刻ではなくて、横浜の関東大震災の資料を入れて本を出す話をしていたそうです。新資料が出てこないのでストップしていたというのが、岩波側の返事でした。姜徳相先生の勘違いでした。

次は中央公論新社の方です。知的財産権の部局に電話して、『関東大震災』は絶版で間違いありませんか」と聞いたら、「絶版だ」と言われました。「復刻したいのですが……」と言ったら、「どうぞ」というわけです。

もう中央公論新社と姜徳相の間には何らの契約関係も無い。「かつて出版したのは事実だけれど、それを復刻することに何ら意見を言う立場ではないので、どうぞご自由にやってください」というのです。「復刻できたら送ります」と言って、一冊送っておしまいでした。

復刻というのは、原版をそのまま使うということで、そのことを認めてもらいましたので、費用も安く、これが八月一五、六日頃に決まった話だったので、九月の一日に間に合わせようと二週間でつくりました。

一番大変だったのが、ブックデザインのデザイナーさんだったと思いますね。「三日のうちにやって」みたいな感じで、「関東大震災」だけをキリッと目立つように、あとはもう抽象的でいい。帯は「戒厳令下、朝鮮人大虐殺は起きた」とする。

日本では、小池百合子さんのように、「関東大震災は朝鮮人だけが死んだわけじゃないのに、朝鮮人にだけ追悼文を書くのは問題だ」とか言う人がいます。お配りした資料に短い文章があります。内閣府中央防災会議二〇〇八年の報告書は、「震災の死者約一〇万人のうち、一から数%に当たるだろう一〇〇〇人から数千人が虐殺により犠牲になったと認定した」と書いています。

こういう資料があるのに自民党政府は、関東大震災の資料は全くないと言い放っているんです。

朝鮮人の追悼慰霊祭に小池都知事は追悼文を送りませんでした。あの石原慎太郎さんですら送っていました。内閣府の報告書があることを石原慎太郎は知っていたからです。

小池百合子はたぶん知らない。そして工藤美代子の話ばかり聞いて、朝鮮人虐殺はなかったんじゃないかと言い出した。会場を使うのにクレームをつけていましたが、今年はクレームはやめましたね。

こういうことって、在日朝鮮人がやらなくちゃいけないことなんでしょうか。日本人がやらなきゃならないことだと思います。ヘイトスピーチの原点というものは、このようにしてできて、日本の国民が信じていくということなんですね。

●朝鮮総督府の二つの特徴

関東大震災を語るときに、僕がいつも話すことがあります。

資料にあるのは、平凡社の『朝鮮を知る事典』の中の「朝鮮総督府」のコピーです。日本人の多くは、日本と朝鮮は仲が良くて、天皇が朝鮮を領土にしてあげて、朝鮮の近代化をもたらしたと考えています。だから、植民地にしたことは悪くなかったと思っている。そういう教育をされてきたからですが、植民地時代、朝鮮と日本の仲は良くなかったと、僕は思っています。

仲が良いはずがないんです。皆さん、チェ・ゲバラは好きですか？　僕は大好きです。キューバ革命をやったゲバラの行いを批判する人はほとんどいないです。

若いときにサルトルを読み、『アルジェの戦い』という植民地解放戦争の映画を見たときも感動しました。フランスから独立するために何回も武力蜂起するんです。

例えばサルトルが好きな日本人は、『アルジェの戦い』を見て素晴らしいと思うでしょうが、じゃあ、朝鮮人は植民地解放戦争をやらなかったんでしょうか？　日本では、戦いが無かったように思われているんです。

そして例えば、文在寅政権が従軍慰安婦のことでクレームをつけたり、朝鮮人徴用工の未払い賃金を払えなどと言うと怒り出す日本人が大勢いますが、とんでもない。植民時代に、朝鮮は日本と戦い続けていたんです。

三・一運動のように「マンセー、マンセー」とやるような戦い方もあります。でも、鉄砲を持っている猟師たちが武装して、日本軍と戦っているんです。なぜ日本では、朝鮮の植民地解放戦争について触れないのでしょうか？　この世界、どこでも植民地にされた国の民は独立戦争を戦っています。

それを知るために、『朝鮮を知る事典』から「朝鮮総督府」を引用しました。これ書いた人は馬淵貞利先生ですが、「総督府支配の特徴は、まず第一に、それが非常に軍事的な性格を帯びていたことである」と書いています。「朝鮮半島は全く軍営化されたりと言われたように、総督府の設置に先立つ云々」。ではなぜ総督府の一番の特徴が、軍事的なことにあったのでしょうか？

これは支配する日本人が、朝鮮を軍事力によって征服し続けるためのものだったからです。日本の方が、戦争中という自覚を持っている。ところが現代の日本人は、この意識をほとんど持っていません。

「自衛隊」は災害を助けに行くもの、外国で起きたアメリカの戦争を助けに行くものだと思っています。侵略した地域で、抵抗する人間を殺しに行くのが軍隊だと日本人は思っていません。殺しに行く当事者、植民地支配の当事者だから軍事的な性格を強く持っていたということに留意してください。

それから、朝鮮総督は、「海軍の大将、陸軍の大将、軍人でなければなれない」と書いてある。しかも、日本の天皇から勅命を受け、直属すると書いてあります。これが朝鮮総督府の特徴です。総督府は、朝鮮人と仲良く暮らし近代化して、仲良く農業を自立させたのではないんです。

戦争しながら、無理やり押しつけたのが植民地支配です。

第二の特徴は、この植民地支配が、「日本本位の場当たり的政策に終始し、朝鮮民衆の生活を破壊し続けたことである」と馬渕先生は書いています。

日本の多くの人は、朝鮮総督府の植民地支配が場当たり的な政策で行われたなんて思っていません。何を隠そう、日本で生まれた在日韓国人の僕が、支配される側も大変だけど、支配する側も大変だと思っていました。五万分の一の地図を作ったり、土地調査をする。この土地はどれだけの米が取れるか調査するわけです。支配するのも大変だと思ったら、事典では「場当たり的だった」と書いていました。

朝鮮国内で民族独立運動が盛んになると、日本は朝鮮人の渡航を禁止しました。日本にとって悪い思想が入ってこないようにするために。

ところが戦争が始まって日本国内の労働力が足りなくなると、どんどん釜山から下関へ関釜《かんぷ》連絡船で労働力を運びました。これを「強制連行」と書いています。最近は「強制連行」という言葉を使ってはいけないらしくて、「強制連行は本当にあったのか」などとテレビでまことしやかに話す日本人がいます。でも『朝鮮を知る事典』にはこう書いてある。

昔、平凡社に電話かけると、「はい、百科事典の平凡社でございます」と言ったものです。その枕詞になるような百科事典があって、そこから朝鮮の項目だけ引き抜いて、改めて書き直して作ったのがこの『朝鮮を知る事典』です。

侵略戦争をして兵隊が足りなくなると皇民化教育、つまり朝鮮語を廃止したり日本語教育をしたりして、皇軍をつくるために軍隊に持っていく。皇軍というのは天皇の「皇《こう》」です。日本軍なんて言いません。それが朝鮮総督府の役割でした。

●『朝鮮半島出身軍人軍属死者名簿』

僕の親は済州島の出身で、済州島には大阪へ来る定期航路がありました。その主だった船の名前は「君が代丸」です。私の父も母もそれに乗り、大阪を経由して東京に来たんです。

僕は三年ぐらい前に、『朝鮮半島出身軍人軍属死者名簿』という、三万円の資料集をつくりました。日本の図書館が買うのを夢見てつくりましたが、大手の新聞社はどこも取り上げてくれませんでした。東京新聞の五味洋治さんだけが書いてくれましたが、他はどこも無視しました。今さら、第二次世界大戦で死んだ朝鮮人の死者名簿なんか、日本の政府や日本人にとってはあっても困るだけなんですねえ。

全国の大学図書館や公共図書館、中央図書館にも入ったりして、「日本人だけじゃなくて、朝鮮人も太平洋戦争で死んだんだ」と思ってくれるんじゃないかと思いましたが、がっかりしました。日本人はみんなで約束でもしたように、無視して買いません。

でも嬉しい話もありました。一つは、東京大学の教養学部の外村大（とのむらまさる）ゼミに通っていた韓国の留学生の女性が、死者名簿の中に自分のおじいちゃんの名前を見つけて、国にいる親に知らせたんです。その人が一冊、日本に買いに来ました。

戦争で死んだらしいけど、いつ、どこで、どういうふうに死んだか分からなかった。これからはチェサ（法事）のたんびにこの本を捧げて、おじいちゃんを語り継ぐことにしますということでした。

その女学生から手紙が来まして、婆ちゃんはわかるけど爺ちゃんのことが分からなくて、自分の中の祖先のルーツが四分の一消えていた。だけど死者名簿で分かって嬉しかった。自分のアイデンティティをちょっと埋めたような気がするというのです。なにかパズルの最後のピースをはめたような感じだと書いてありました。

ところが残念ながら、この本を朝鮮総連も韓国民団も買ってくれないし評価もしません。戦争に触れるのがもう嫌なんでしょうねえ。でも僕は、嫌なことでも触れなくちゃいけないと思ってます。それをやるのが出版社の役目だと思っています。

●歴史観を形作る姜徳相の三つの柱
――「三・一運動」「関東大震災」「呂運亨」

姜徳相先生は早稲田大学で学び、大学院は明治大学に行きました。山辺健太郎教授が明治にいまして、そのお弟子さんになるんです。そして日本の特高警察が出していた『特高月報』という資料をずっと当たっていました。そして三つのことに気付きます。「三・一運動」「関東大震災」「呂運亨」―これらが自分にとっての歴史研究の柱になったというんです。

『特高月報』には、三・一運動をどこでどういうふうに弾圧したのか書かれているんです。関東大震災も、どういうふうに警察が対応したかが書かれていました。それをずっと読みながら、自分の中で柱を築いたわけです。でも実はまだ、彼は三・一運動の本を書いていません。

若いときにやっぱり書いていた。ところが『朝鮮人強制連行の記録』で有名な朴慶植（パク・キョンシク）先生が平凡社で『朝鮮三・一運動』を書いていて、競合することがいっぱい出てしまうので、三・一運動は朴先生に譲ったと言っていました。

『特高月報』は、国会図書館に行くと見られますが、朝鮮ではなかなか見られません。朝鮮で出ている呂運亨の本というのは、「僕は呂運亨先生の弟だ」とか「僕は呂運亨先生の弟子だ」「呂運亨先生は、こういうときにこういう演説をして、民衆を沸かせた」とか、そんな本ばかりなんですよ。

つまり、呂運亨先生の論文をきちっと整理したり、日本の特高が呂運亨に対してどういうふうなことをしたかという歴史資料がない。だから、みんな講談のように、作り上げた話のようになってしまう。そこで姜徳相先生は呂運亨にこだわったわけです。

歴史は、資料と証拠があってこその歴史です。『特高月報』は、みすず書房から『現代史資料』として、朝鮮編だけで全六巻が出されています。五巻までが三・一運動で、一巻が関東大震災ですね。それは大きな図書館に行けば、現代史資料は必ず読めます。

呂運亨という人については朝鮮中央日報を見るぐらいしかなくて、資料がほとんどありません。孫基禎と対談して新聞で紹介したりとか、崔承喜を紹介したりして、民族意識を鼓舞させる方に向かっていました。一年で三〇〇組くらいのチュレ、民族同士の結婚の仲人をしたそうです。そんな方だったんですね。

僕が最初に勤めた会社は、三千里社という出版社でした。そこに、李哲（イ・チョル）という社長がいまして、李哲先生が最も尊敬していたのが、コ・ギョンフン（高景欽）という人でした。コ・ギョンフン先生はペンネームをいっぱい持って、十代の頃から労働運動のリーダーでした。

そのコ・ギョンフン氏が警察に捕まると、呂運亨先生は面会に行って、「こんなところで頑張って非転向を貫いてもしかたない。転向して出て来い。出てきたらやる仕事はいくらでもある」と話し、彼は転向して出所しました。

ところが朝鮮が解放されると、不幸なことにその転向が元でコ・ギョンフン氏は朝鮮労働党に入れなかったんです。そしたら呂運亨先生が、勤労人民党をつくって、コ・ギョンフン先生をそこに据えるんです。

実は解放後、呂運亨先生の秘書として活動した人がこのコ・ギョンフン先生で、恵化洞《ヘファドン》のロータリーで呂運亨先生が暗殺されたときも隣の席に座っていました。呂運亨先生の思想は、これから朝鮮半島を和解させ統一へ向けていく大きな思想になるだろうと僕は思います。

●植民地主義がもたらした過剰防衛・過剰弾圧
――ヘイトと「防災の日」

今年はコロナのために、『関東大震災』の本を集会に持っていくことがあまりできませんでした。

でも歴史学をきちんと持てば、植民地支配は日本の軍国主義の時代であり、朝鮮人からすれば民族解放運動、独立運動の時代です。関東大震災のときの大虐殺で殺された六〇〇〇人の労働者たちが、意識的に理論武装されていたとは言いません。でも、殺す側の正力松太郎をはじめ、水野錬太郎など当時の日本の警察や軍隊の上にいた人間は、朝鮮総督府で三・一運動を体験して、一触即発で大変になるということで、過剰防衛・過剰弾圧しなければならない事情を抱えていたのだと思います。

だから軍隊や警察が、自警団を煽って朝鮮人虐殺に持っていったと僕は思っているんです。つまり民族解放運動の裏返しが関東大震災の過剰弾圧であって、日本はこのことをもっと研究し語るべきです。

〔質疑応答〕

（Q）この本の帯にある「消された名著の復刻」が、正力松太郎の「意向」や、三・一運動の過剰防御や弾圧に繋がるというあたりを、もうちょっと詳しく説明してください。

（A）忖度は何も安倍晋三に始まったことではないし、日本だけじゃなくて朝鮮にもいくらでもあります。読売新聞社の社員たちが正力松太郎をかばうことも分からないではない。でも、歴史を変えてしまってはダメですよね。

三・一運動と関東大震災に関しては、法政大学で教授をしている愼蒼宇（シン・チャンウ）さんが、植民地独立戦争、植民地解放戦争の視点から話しています。僕は二〇年も前にその話を聞いたときに、ちょっと考え方が跳ね上がりすぎているのではないかと思っていましたが、今は愼教授の意見に同意するし、未完の植民地独立運動を完成すべきだと思っているぐらいです。

だから例えば、徴用工問題や従軍慰安婦の「平和の像」などで日韓関係をハラハラしながら見て、「文在寅さん、いい加減にしろよ」と思われる方がいるかもしれませんが、僕は「ここではっきりさせよう」と思います。

そうでないと、朝鮮人だけじゃなく日本人も不幸です。いつまでも食ってかかられるのだから。日本はもっと植民地支配とは何だったのかを考えるべきだと思います。

関東大震災では、六〇〇〇人もの朝鮮人を殺してしまったわけですから、韓国政府や北朝鮮政府も、一〇〇年も前のこととは思わず、日本政府に対して言うべきだと思います。教科書に書いて、そんな非人権的なことは二度としませんと、言わせなくちゃダメだと僕は思います。

ヘイトでは、朝鮮人中国人と見れば「帰れ」「殺しちまえ」とか言うけれど、とんでもない行いです。

去年、『禁じられた郷愁』という本をつくりました。小林勝（まさる）という、植民地朝鮮で生まれて日本で活動した作家です。彼は朝霞にある陸軍の幼年軍官学校に入ります。神風特攻隊になろうと思ったんです。でも戦争が終わって「特攻崩れ」になるわけです。

それで、ずっと植民地のことにこだわり続けながら生きて、酒を飲むと暴れるし日本人の悪口を言う。朝鮮人からも嫌われ日本人からも嫌われて、娘からも嫌われる。奥様だけに愛された男です。

その人の評論の結論はこうです。植民地で支配された人間は足を踏まれてきたから、相手に痛い思いをさせるような行いをしてはいけないと思う。でも踏んでいる側の日本人は、踏んでいる意識が無いから、また踏んでも悪いという意識が生まれない。どこまで行っても反省しない。これが加害者だ。

これは日本と朝鮮だけじゃない。カリブ海で植民地解放運動をやった人が言うんです。加害者こそ植民地支配のひどさに気がつかない。戦争のひどさに気付かない。その加害者が気付くような思想を作ってこそ、植民地は克服される。

「大韓民国」は略国名で、「大韓民主共和国」が正式名称です。上海臨時政府の憲法で国名をそう名付けています。韓国は軍事独裁政権を長く持ちましたけど民主共和国です。残念ながら日本は民主共和国でもありません。韓国は、世界の歴史とともに進んでいるのじゃないかと思っています。

（Q）呂運亨の思想と関連して、これからの南北関係は、第二次世界大戦と朝鮮戦争を終わらせる意味があると思います。その辺のことをもう少しお願いします。

（A）僕自身は若いときに、南北統一というと、すぐにでも統一して人的交流も経済も文化も一緒になるものだと思っていました。でも今はちょっと違います。それをやれば、すぐケンカになります。価値観が全然違うんだから。だから、統一するためには長い時間をかけて、「北朝鮮には赤鬼が住んでる」と信じている人に、「人間が住んでいる。同胞が住んでいるんだよ」と教えなければいけない。北朝鮮は韓国について、「日本やアメリカの傀儡ばかりが住んでいる」という教育をしますが、それも変えていかなければいけない。

何よりも大切なのは、南北が分断したままが幸せなのか、統一した方が民族や国家が豊かになるのか、どっちがいいかということです。

文在寅がいいとか、金正恩がいいとかなどとは全然思いません。七・四共同声明のときに大学生になる前でしたが、「これで自主的に統一するんだ」と、文面だけならそう思いました。勤めた会社の三千里社は『季刊 三千里』の表紙に七・四共同声明の精神を謳っていました。

でもそれは、最後に李厚洛（イ・フラク）、朴正熙が上にあって、金英柱（キム・ヨンジュ）だったか北朝鮮の人も上位をていして、金日成と朴正熙の代理で結ばれたものでした。今は正直言うと、六・一五共同声明だとかもあんまり信じていません。国民が参加していない共同声明だと思っているからです。

南の人は北を見て、北の人は南を見て、その上で共同宣言を出すのなら、ちょっとは信じようかなあと思いますが……。

（Q）呂運亨の思想と結びつけてお聞きしたかったのですが……。

（A）僕は上海臨時政府のことを話しながら、呂運亨がその中心メンバーの一人で、レーニンや孫文や蒋介石、ガンジーとも交流したことを言いました。世界の社会主義思想だとか、資本主義の文化だとかを取り入れた形で上海臨時政府を運営したわけです。今そのような立場で、南北の統一を見たらいいというのが、私の、呂運亨の考え方という意味です。

（Q）日韓関係が冷え込んでいるこの時期に、この復刻版を出して日本社会に何を訴えたいか、復刻版の発行にあたって、姜徳相氏はどんな反応を見せたのか、教えてください。

（A）日韓関係が冷え込んいでるからどうのとは、考えたことがないです。冷え込んでいようが、交流が盛んであろうが、出すべきものは出さなくちゃいけないという考え方です。

防弾少年団（BTS）について話しているときの、日本の女性たちの韓国に対する思いというのは、すごく温かいですよね。でも、自民党や菅総理なんかが喋ると、めちゃくちゃ冷たいですよ。北風の真ん中にいるような感じです。今の日本は、そんなすごくホットなことと、すごくコールドなことが一緒になっている感じで、冷え切っているとばかりは言えないという感じがしています。

（Q）『関東大震災』を読んでもらう人に、何を考えてもらいたいのでしょうか。
（A）少なくとも六〇〇〇人の朝鮮人が殺されましたが、殺していいという思潮が日本国内にはびこっていたと思うんです。それは、未だに消えていないのではないかと思うんです。ただ、殺してもいいと思っているという日本人がいるなら、僕は「じゃあ、朝鮮人が日本人を殺してもいいんですか」って返したい。

僕がいつも思うのは、例えばナショナリズムを語る時、僕ら朝鮮人・韓国人は、日帝に抵抗して民主主義を勝ちとろう、負けても負けても抵抗して、抵抗するナショナリズムをつくっていこうと思うんです。

でも日本のナショナリズムは、「朝鮮を侵略しました」「日清戦争で勝ちました」「日露戦争で取り上げて併合しました」というところでナショナリズムをつくっています。人を差別したり殺したり、天皇を中心に置いてそれをやる、侵略することでナショナリズムをつくる。これはいかんと思うんです。どこの国、民族がやってもダメだと思うんです。

司会　高さん、ありがとうございました。

（日韓記者・市民セミナー　第一七回　二〇二〇年一〇月三〇日）

第Ⅲ講　映画『在日』上映と呉徳洙監督を語る

お話：　金昌寛、辛仁夏、裵哲恩、清水千恵子

呉徳洙（オ・ドクス）監督作品

映画「在日」（歴史篇／人物篇）

在日の戦後史を真正面から描いた傑作ドキュメンタリー

日本の敗戦、つまり在日にとっての
解放から五〇年に及ぶ〝在日の軌跡〟を
「歴史篇」と「人物篇」に分けて克明に描写した初めての作品。
製作に二年余りを費やした本作は、様々なインタビューと
貴重な記録映像で在日の戦後史を描き
日本の憲法をはじめとした
〝戦後民主主義とは何だったのか？〟を鋭く問題提起している。
「歴史篇」では国内ロケにとどまらず
ソウル、ワシントンDCにまで飛び、貴重な資料撮影に成功。
また、解放直後の在日朝鮮人に深く関わった元GHQ担当官たちが

これまで語られることのなかった衝撃の新事実を証言する。
「人物篇」は、日本社会に住む
在日一世、二世、三世の六人にスポットをあて
現在の在日像をあぶり出して行く。

●1998年度日本映画ペンクラブ
ノンシアトリカル部門　一位入賞作品
●1998年度キネマ旬報ベストテン
文化映画部門　二位入賞作品
●1999年朝日ベストテン入選作品

■スタッフ■
製作：映画「戦後在日五〇年史」製作委員会
企画：在日韓国青年商工人連合会、指紋カードをなくせ！　1990年協議会、OH企画
プロデューサー：金昌寛、陣内直行『トキよ舞い上がれ　巣だちの記録』、野口香織『ジム』

俺のルーツは大陸で
朝鮮半島と言うところ
俺の親父はその昔
海を渡って来たんだと
曾孫の代まで語りたい
——新井英一
「清河への道」から

監督：呉徳洙／助監督：金聖雄『花はんめ』
撮影：本田茂『村の写真集』、石倉隆二『花はんめ』、篠田昇『世界の中心で、愛をさけぶ』
録音：本田孜／音楽：野沢美香／ナレーター：原田芳雄『亡国のイージス』

歴史篇　１３５分
人物篇　１２３分
（ＤＶＤジャケットから転載）

映画『在日』Chapter Index

【歴史篇】

1 プロローグ
2 戦後50年目の夏
3 １９４５年8月15日　日本敗戦
4 朝連結成
5 日本政府とＧＨＱ
6 民族教育
7 大韓民国と朝鮮民主主義人民共和国
8 １９５０年代　朝鮮戦争勃発
9 講和条約
10 民族差別と苦悩
11 帰還運動と同胞対立
12 １９６０年代　革命とクーデター
13 金嬉老事件
14 １９７０年代　在日青春群像
15 南北共同声明
16 １９８０年代　外国人登録法
17 激動の年代
18 １９９０年代　日韓交渉
19 定住外国人　選挙権
20 解放から50年

【人物篇】

1 プロローグ
2 家族・鄭秉春
3 祭祀（チェサ）
4 湯治
5 故郷ふたつ・河正雄
6 慰霊祭
7 もう一つの故郷
8 在日ブルース・新井英一
9 父の故郷を訪ねて
10 「清河（チョンハー）への道」
11 挑戦・玄昶日
12 ルーツを辿る旅
13 飛翔・金尚龍
14 師からアドバイス
15 明日・李玲子
16 母の故郷へ

裵哲恩（司会）

今日はいつもの講演とは違って、映画『在日』戦後五〇年史を上映します。一九九五年当時の在日と、在日を取り巻く日本社会の問題、出来事等々を描いた映画です。ＤＶＤになっています。

今日皆さんにお見せするのは「歴史編」で、二時間一五分です。他に、在日の生き様をインタビューした「人物編」があります。これを見るともう半日では終わらないので、今日は歴史編にとどめます。

上映後に、故人にゆかりのある方々にトークしていただきます。

――ＤＶＤ上映――

■金　昌寛（プロデューサー）

この映画のプロデューサーに関わらせてもらいました金昌寛（キム・チャンガン）と申します。

この映画は一九九七年一一月に完成しました。映画の冒頭に一九九五年に製作されたというのは正しくなくて、製作を開始したのが九五年です。それから二年半、大変苦しみました。そ

の苦しみが蘇ってくる映像です。

映画は、先ほど話されたとおり、前半と後半に分かれておりまして、皆さんがご覧なったのは「歴史編」と呼ばれる部分でございます。座って観ているだけでも疲れるぐらいの長さですが、さらに「人物編」が二時間加わります。上映会では、休憩を挟んで、四時間半以上のこの作品を延々と上映しました。

今日も同じですけれど、上映してつくづく名作だなという気がいたします。よくまとまっている。在日問題をこういう形でまとめたことは本当に最高だと思いますし、その仕事に関われたことで、呉徳洙（オ・ドクス）監督には感謝しております。

これを作る前は大変混乱しておりました。例えば呼称一つとっても、「韓半島」「朝鮮半島」、国の名前もおわかりの通り分かれていますし、「在日韓国人」なのか「在日朝鮮人」なのか、「在日韓国・朝鮮人」なのか、逆なのか。そのような問題が、映画を製作する前から既にございました。

そこで呼称問題を検討する会が急遽つくられました。一例を挙げれば、朝鮮戦争を「勃発した」なんていうことは絶対許さないという人がいました。あれは北から攻めてきたんだと、言う人がいました。そういったことをどうするかということで、何時間も討論会を開きました。

その中には、当時韓国青商の代表の一人の呂健二（ヨ・ゴニ）さんという方もいらっしゃいまして、今現在、民団中央の団長をされていらっしゃいます。

最終的な呼称問題の結論は、監督一任になりました。つまり、十分に配慮をした上で、監督がつくる、使用する、あるいはこういった形で見る、そういったものを否定しない、それを前提にやりましょうということです。呉徳洙監督を選んだということはそういうことだよねということで決着がつきまして、そのときからこの映画の製作が始まりました。

言い方を変えますと、私の私見ですが呉徳洙監督が見た呉徳洙監督の解釈による、「在日五〇年の歴史」じゃないかと思っております。いろんな感想を持たれる方も中にいらっしゃると思います。あまりにも様々なことがあって、ちょっと一言では申し上げられませんけれど、私はそういう映画『在日』の歴史編を観た後に、今の感想を皆さんに申し上げたらな、というふうに思いました。

さっきご説明がありましたけど、この映画は人物編があります。特におばあちゃんの半生を描いたところは、これはもうちょっと信じがたいような映像も入っており、よろしければお買い求めいただいて、人物編でも驚いていただければと思っております。久しぶりに上映会に参加しまして、いろんな思いがよぎって、あとはもう言葉になりません。今日はどうもありがとうございました。

■辛　仁夏（フリーランス記者）

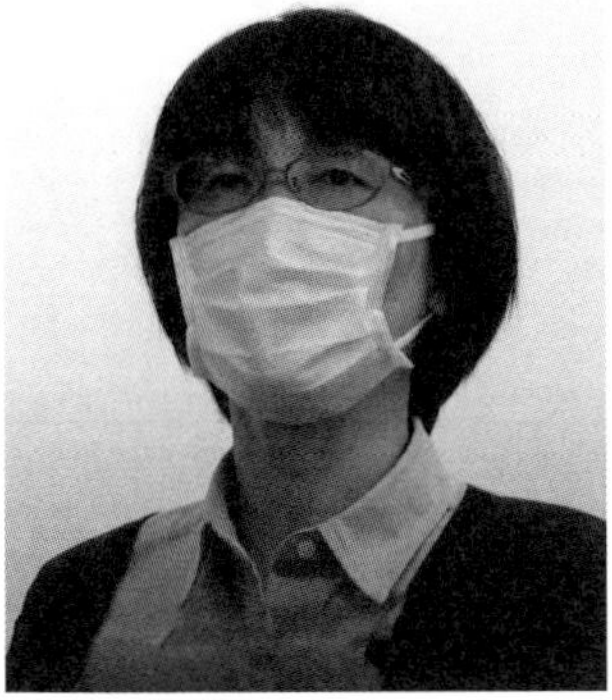

いま金プロデューサーがこの映画『在日』は名作ということをおっしゃっていましたけれど、呉徳洙監督はもう一つの名作と言える『指紋押捺拒否』という映画を作っておりまして、そのパート1に、私は高校二年の時に参加させていただきました。今上映された『在日』の、一九八〇年代のシーンで泣いている高校生がアップで出ましたが、それが私でございまして、ビフォー・アフターということで、今何歳かというのは計算していただくとして（笑）、ここに立っております。

私が『指紋押捺拒否』に参加させていただいた時の監督との思い出を語りますと、映画に、私が神奈川県の長洲一二知事にお手紙を出したシーンがあります。当時私は白山高校というところに通っていましたが、その坂道を上がるところで、県知事に出したその手紙を読みます。監督は私の滑舌が悪いからといって、何テイクかした結果にできた手紙のシーンです。

監督の名作ドキュメンタリー映画である『指紋押捺拒否』はパート1とパート2がありますので、今の裏話を含めて興味がありましたら見ていただければなあと思います。

このように在日映画を観ていただく機会があることはいいことだなと思って今日参加しました。今回の上映会に参加させていただき、ありがとうございます。

■裵　哲恩（一般社団法人ＫＪプロジェクト代表）

私の呉徳洙さんとの出会いをお話しします。

七〇年代の終わりに大学を卒業して、山口の実家に帰った時のことです。当時うちはスクラップ屋でしたが、不況でどうしようもない。「お前一年だけ帰ってこい」という話だったのですが、長男だということもあり、「また、東京に帰ると言わないで、下の兄弟がつかえているから早く見合いして結婚しなさい」と、当時絶大な力を持っていた一世のアボジに、脅しに近い感じ

で言われていました。そんな時に、青年会の山口県宇部支部という小さな支部の会合に出るようになったんです。でもこれは主体的、積極的に出たわけではありません。
当時、大学の同級生が青年会中央の組織部長をやっていました。彼が山口に出張するというので、宇部空港まで迎えに行ったところ、悪天候で飛行機が降りられない。私は、多分福岡空港経由で下関に入るだろうと思って、下関の民団山口県本部に行きました。
すると「お前は中央本部の人間が来るときには顔を出すけど、地元の青年会には全然顔を出さないんだな」と、ずいぶん嫌味を言われ批判もされて、これでは面目ないのでじゃあ来週にでも会合に行くということになりました。それは新しい会長を決めるような会合で、人事はすんなりと決まりましたが、その後で女の子二人が、「私こういう在日の青年会組織なんか大嫌い」と言うわけです。役職に再選した彼女が、それまで傍《はた》で見ていた僕の前でつらつら批判をした挙句、最終的な批判の矛先を自分達の思いを理解しない一世のアボジ、オモニに向け、その世代への憤まんやるかたない思いを並べるわけです。

僕は通行人の一人のような感じで接していましたが、その話を聞いて、「君は就任したというのに、前言を覆して、そういうふうな言い方をするもんじゃないよ」と言いました。言ってしまったらミイラ取りがミイラです。「だったらあんたも役員になりなさい」というわけです。

こういう二世三世のつらい思いをどう親の世代や社会に伝えていくかと考えて出したのが、コピー版の会報みたいなものでした。そのタイトルは『잔소리』（チャンソリ）でした。「小言」とか「不平」とか、そういう思いを込めました。そうして支部の活動に入りましたが、一緒にやってるやつが、東京では平仮名で『ちゃんそり』という雑誌が出ていると言うわけです。早速それを取り寄せてみたところ、発行人がこの映画を作った呉徳洙監督でした。もう一人が、先ほどの映画の外登法の語りで「個人の闘いが両国国家、韓国と日本によってかすめ取られている云々」と話した朴容福（パク・ヨンボク）。この人たちが東京で、在日の将来にわたる展望や、いろんなことを語っているのを知り、連絡を取り合いました。それが呉徳洙さんと出会うきっかけです。

後日、東京に上がって、呉さんに会った時、この映画『在日』の話が出ました。本編完成にどこを切ったらいいのか、もう自分の頭で整理できないとおっしゃるので、ラフなものを見せてもらいました。出てきたのが早稲田の学生で、焼身自殺を遂げた山村政明、梁政明（ヤン・ジョンミョン）です。大学の先輩たちのアパートを訪ねると書棚の中には彼の『いのち燃えつきるとも』という遺稿集があって、借りて読みました。出身地が私の故郷の隣町、小野田というところです。彼は東京に上がっていく時、あるいは帰郷する時に、宇部駅前に立ってどんな思いをしていたのかなと思いました。帰化したことで早稲田の韓文研から疎外され、日本社会からも疎外された。親兄弟は、帰化することによって彼が幸せになれると踏んだところが、挙句の果てに自死を選んだ。

生前に書いたものをまとめたのが梁の『いのち燃えつきるとも』ですが、この遺稿集を出すときに梁の兄貴が「彼は勉強ができた。頭がいい子供だったから思い詰めてこういう結果になった」というふうに述べたことが書いてありました。これを見たときに、じゃあ朝鮮人は文盲のまま従うだけの人生でいいのかと、ずいぶん反発しました。

その梁政明が映像に取り上げられたのを見て、すごくショックだったのを覚えています。

最後に、今までの五〇年を捉えて今後の五〇年を語る何人かの方が登場していました。あの方たちは皆亡くなっています。あの当時、日本国籍を取得することはまだまだタブーでした。今は民団の幹部の子弟も、それは子供の選択だということで、国籍問題のハードルが非常に下がっています。これは良い面でもありますが、在日をターゲットにしてヘイトスピーチ、ヘイトクライムが繰り返される日本社会の変わらなさ、人権に対する鈍感さという部分に対して、僕らは次の世代に何を残すのだろうかと考えさせられました。この点からも非常に感銘深い映画でした。

この映画が、在日の家庭のみならず日本の各家庭に一本ずつあって、在日がこういう歴史をたどってきたという最低限の共通理解があれば、私達の間にある閉塞感も違ったものになるのではないかという気がします。

ありがとうございました。

この映画をつくる過程でも実生活のパートナーでもありました清水千恵子さんに、映画と呉徳洙さんのことも含めて語っていただければと思います。

■**清水千恵子**（呉徳洙監督夫人）

今日はちょっと難しい映画を長々とご覧いただきまして、本当にありがとうございました。

今日は一一月六日で一〇日が呉徳洙の誕生日です。存命なら八〇歳になります。一二月一三日が命日で、今年七回忌になります。そういうちょっと記念日的なこともありましたので、息

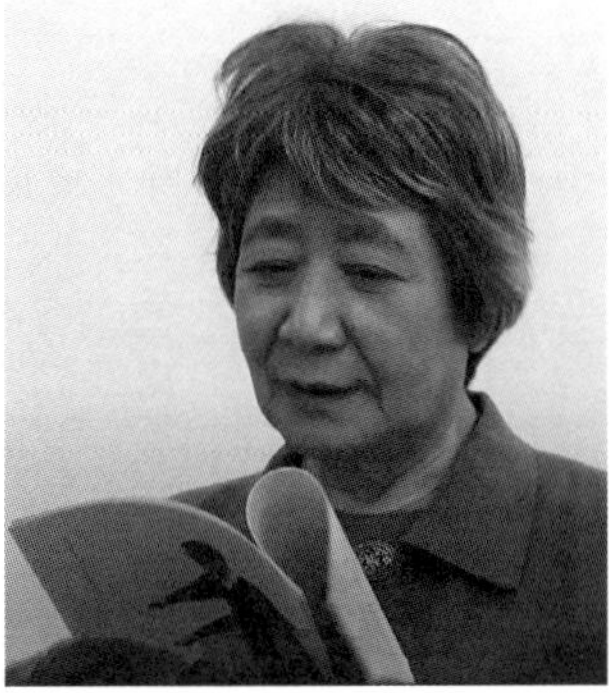

子と映画館を借りて呉徳洙作品の全部をやりたいと話し合ってきたんですけど、コロナ禍でそれが実現できずに今日まできてしまいました。そのような時に、裵哲恩さんにこういう会を開いていただき、ちょっとでも呉徳洙に顔向けできるかと思います。

実は昨日、別々に暮らしている息子が訪ねてきて、夕べ呉徳洙の夢を見たという話をしました。なんか大げんかをした夢を見たそうですけど、私たちとしてはとにかく何もできなかったんです。生前も一番の理解者だと思った裵哲恩さんがこういう企画をしてくださって本当に良かったなと思って、私もちょっと、それに応えることができたかなと思っております。

呉徳洙と私が知り合ったのは、私が東京写真専門学校の放送学科を出て、東映に就職してからです。「キイハンター」という、千葉真一と野際陽子さんが主役で出ていた映画の編集助手を私がしていまして、彼はそこで助監督をやっていました。

その日の撮影が終わった後に、予告編づくりをするから待っていろと言われました。全部の作品がそうだったんですけど、撮影が終わるのがだいたい五時か六時でした。そうすると、呉徳洙がなぜかいつも焼き鳥やおでんを一人分ですけど買ってきてくれたりするんです。もう毎週毎週一本ずつテレビドラマを編集して完成させなきゃいけないからとても忙しかったんですが、何人かいた中で、彼だけがそういうものを持ってきてくださったんですね。「なんで?」「あっ」という感じで、ちょっと心に留めて、その間にだんだん親しくなりました。その間にも東映と闘争して東制労（東映制作所労組）闘争というのがありましたが、私も結婚して、子供が生まれて、小学校にあがるまでの六年間、組合闘争をやっていたんです。その間中いろんなことがございました。

あまりここでは話せないこともありますが、呉徳洙はちょっと変わった人でして、普通は皆さん、六〇歳に還暦記念をやりますね。呉徳洙は五〇歳の時に、そういう祝いの会をやったんです。その時に彼は小さなパンフレットを作っていまして、この五〇歳から何をやろうかというメッセージを皆さんに披露したんです。そこで、もう「在日五〇年史」というものを作ろうという企画が出ていました。先ほど仁夏（イナ）さんがおっしゃった『指紋押捺拒否』という映画はもっと前にできていましたが、その続きという感じで、その五〇年史を完成させました。

本当に苦労して、骨身を削ってというか夜も寝ないで、そんな形容詞でも付くぐらいしんどい作品だったと思います。でも完成したときは、日本ペンクラブからも賞をいただきましたし、そういう意味では、ある種恵まれていて、皆さんに見ていただけるようなものになったと思っております。

まだやり残したこともたくさんありましたが、この『呉徳洙五〇歳の覚書』という、彼が作った小さな本に書いてあることをちょっとお披露目して、終わりたいと思います。

「これまで優れて日本社会が解決しなければならない、あるいは解決しうる在日の諸矛盾を国家間の政治交渉の具に供し、終息させられてきた事実を私たちは知っている。法的地位然り、指紋制度然り、戦後補償然りである。もはや国益を最優先する国際政治のリアリズムに一喜一憂するほど、私たちは愚かではない。

今、世界は対立から融合の時代なのだそうである。コンフリクトからフュージョンだそうである。加えて、この日本は国際社会なのだそうである。クソ食らえ、である。そんなエセムードに目を紛らわせることなく、万世一系だの単一民族などとほざく、おどろおどろしくもおぞましいこの日本の度しがたい体質を、在日の視座からきっちり見極め、在日が主体的に自らの問題を提起し、戦いを完遂しうるフィールドをどう作り上げていくかが、現在問われていると思うのである。

解放から五〇年、在日は営々とこの日本社会で生き続けてきた。戦い、敗れ、苦しみ、喜び、泣き、笑いながらこの五〇年を生き続けてきた」

これは自分のことを言っていると思います、五〇年ですから。

「そして、多くの先達たちは様々な思いを抱きながら、この地でその生涯を終えていった。そのことを考えると、在日の一人として熱い思いに駆られる。この度、その多くの在日の生きざまに思いを寄せながら、やがて来る解放五〇年を展望し、それを映像で作りたい衝動に駆られ、以下三つの映像企画を提案する」というふうに書かれています。そうして、できたのがこの映画です。

今日は皆さん、この場に来ていただきまして、本当にありがとうございました。

裵哲恩（司会）

皆さんお疲れさまでした。

（日韓記者・市民セミナー　第二三回　二〇二一年一一月六日）

YouTube「KJテレビ」日韓記者・市民セミナー

動画配信　二〇二二年二月二八日現在（第1回から13回まで韓国語字幕あり）
●印はブックレット収録済

●第1回　二〇一九年八月三日
「関東大震災「朝鮮人虐殺否定」論反証」　加藤直樹（作家）
●第2回　二〇一九年九月二五日
「よく知らない韓国（人）を知ろう」　権　鎔大（経営コンサルタント）
●第3回　二〇一九年一〇月一八日
「特攻隊員として死んだ朝鮮人の慰霊事業」　黒田福美（女優）
●第4回　二〇一九年一〇月二六日
「JOCの不可解な動き」　谷口源太郎（スポーツジャーナリスト）
●第5回　二〇一九年一一月二四日
「北送事業60年の総括」　菊池嘉晃（ジャーナリスト）
●第6回　二〇一九年一二月一二日
「韓国ヘイトと対処法」　香山リカ（精神科医）
●第7回　二〇一九年一二月一七日
「在日二世の数奇な半生」　尹　信雄（元民団倉敷支部団長）
●第8回　二〇二〇年二月一〇日
「安倍政権の内政と外交」　小池　晃（日本共産党書記局長）
●第9回　二〇二〇年二月二一日
「南北韓と韓日関係の展望」　平井久志（ジャーナリスト）

●第10回　二〇二〇年七月一日
「虚構の「嫌韓」からの解放」　澤田克己（毎日新聞論説委員）

●第11回　二〇二〇年七月一五日
「川崎でのヘイトスピーチ攻防」　石橋　学（神奈川新聞記者）

●第12回　二〇二〇年八月五日
「在米コリアンと日系米人社会」　金真須美（作家・大学講師）

●第13回　二〇二〇年八月二六日
「多様性の中の在日コリアン」　金村詩恩（作家・ブロガー）

●第14回　二〇二〇年九月二日
「朝日新聞の慰安婦報道と裁判」　北野隆一（朝日新聞編集委員）

●第15回　二〇二〇年九月一六日
「平行線をたどる徴用工問題」　殷　勇基（弁護士）

●第16回　二〇二〇年一〇月一六日
「『評伝　孫基禎』の上梓とその後」　寺島善一（明治大学名誉教授）

●第17回　二〇二〇年一〇月三〇日
「復刻『関東大震災』の意義」　高　二三（新幹社社長）

●第18回　二〇二〇年一一月一八日
「キムチが食べられる老人ホーム・故郷の家」　尹　基（社会福祉法人「こころの家族」理事長）

●第19回　二〇二〇年一一月三〇日
「日本学術会議会員任命拒否問題の背景」　纐纈　厚（明治大学特任教授）

●第20回　二〇二〇年一二月八日
「差別と偏見の現場取材」　安田浩一（ノンフィクションライター）

●第21回　二〇二一年四月二七日
「『韓国ドラマ食堂』の話」　八田靖史（コリアン・フード・コラムニスト）
○第22回　二〇二一年七月一四日
「差別実態調査から見るヘイト」　権　清志（朝鮮奨学会代表理事）
●第23回　二〇二一年一一月六日
「映画『在日』上映と呉徳洙監督を語る」　清水千恵子（映画『在日』スタッフ）
●第24回　二〇二一年一一月一九日
「記憶を拓く『信州・半島・世界』」　田中陽介（信濃毎日新聞編集局デスク）
○第25回　二〇二一年一二月一三日
「外国人は『害国人』ですか—日本の入管体制を検証する」　田中　宏（一橋大学名誉教授）
○第26回　二〇二二年一月一四日
「歴史事実に介入する政府と『作る会』」　鈴木敏夫（子どもと教科書全国ネット21事務局長）
○第27回　二〇二二年三月一一日
「在日オペラ歌手が願う日韓関係」　田　月仙（オペラ歌手）
○第28回　二〇二二年三月二六日
「日韓関係の危機をどう乗り越えるか」　戸塚悦朗（弁護士）
○第29回　二〇二二年四月一六日
「参議院選に出馬～誰もが大切にされる社会実現へ」　金　泰泳（東洋大教授）
○第30回　二〇二二年五月一〇日
「植民地支配から今日に続く排外主義」　山本すみ子（姜徳相聞き書き刊行委員会）

〔著者紹介〕

● 田中陽介（たなか・ようすけ）
1977年　京都府生まれ
2001年　信濃毎日新聞社入社
飯田支社、長野報道部、上田支社、松本報道部デスクなどを経て現在、長野報道部デスク。
担当・関心分野：警察・司法、平和・安全保障、若者（18歳選挙権）、地方行政。

● 高　二三（コ・イーサム）
1951年東京生まれ。両親は韓国済州島出身。大学卒業後、雑誌『季刊三千里』の編集に従事。

1987年、新幹社を設立。在日韓国・朝鮮人をめぐる問題や、済州島四・三事件の真相究明運動などに一貫して取り組んでいる。

● 金　昌寛（キム・チャンガン）
プロデューサー

● 辛　仁夏（シン・イナ）
フリーランス記者

● 清水千恵子（しみずちえこ）
呉徳洙監督夫人

●裵　哲恩（ペー・チョルン）
一般社団法人ＫＪプロジェクト代表

＊日韓記者・市民セミナー　ブックレット８＊

歴史の証言
前に進むための記録と言葉

2022年6月28日　初版第1刷発行

著　者――――田中陽介、高二三
金昌寛、辛仁夏、裵哲恩、清水千恵子
編集・発行人―裵哲恩（一般社団法人ＫＪプロジェクト代表）
発行所――――株式会社 社会評論社
東京都文京区本郷 2-3-10
電話：03-3814-3861　Fax：03-3818-2808
http://www.shahyo.com
装丁・組版―― Luna エディット .LLC
印刷・製本――株式会社 プリントパック

日韓記者・市民セミナー　ブックレット創刊号
『特集　日韓現代史の照点を読む』
加藤直樹／黒田福美／菊池嘉晃
二〇二〇年八月一五日発行
A5判　一一二頁　本体九〇〇円＋税

コロナの時代、SNSによるデマ拡散に、虚偽報道と虐殺の歴史がよぎる中、冷え切った日韓・北朝鮮関係の深淵をさぐり、日韓現代史の照点に迫る。関東大震災朝鮮人虐殺、朝鮮人特攻隊員、在日朝鮮人帰国事業の歴史評価がテーマの講演録。

第2号
『ヘイトスピーチ　攻防の現場』
石橋学／香山リカ
二〇二〇年一一月一〇日発行
A5判　一〇四頁　本体九〇〇円＋税

川崎市で「差別のない人権尊重のまちづくり条例」が制定され、ヘイトスピーチに刑事罰が適用されることになった。この画期的な条例は、いかにして実現したか？ヘイトスピーチを行う者の心理・対処法についての講演をあわせて掲載。

第3号
『政治の劣化と日韓関係の混沌』
纐纈厚／平井久志／小池晃
二〇二一年二月一二日発行
A5判　一一二頁　本体九〇〇円＋税

政権はエピゴーネンに引き継がれ、学会へのあからさまな政治介入がなされた。改憲の動きと併せて、これを「〝新しい戦前〟の始まり」と断じることは誇張であろうか。日本学術会議会員の任命拒否問題を喫緊のテーマとした講演録ほかを掲載。

第4号
『引き継がれる安倍政治の負の遺産』
北野隆一／殷勇基／安田浩一
二〇二一年五月一〇日発行
A5判　一二〇頁　本体九〇〇円＋税

朝日新聞慰安婦報道と裁判、混迷を深める徴用工裁判、ネットではデマと差別が拡散し、ヘイトスピーチは街頭から人々の生活へと深く潜行している。三つの講演から浮かび上がるのは、日本社会に右傾化と分断をもたらした安倍政治と、引き継ぐ菅内閣の危うい姿。

第5号
『東京２０２０ 五輪・パラリンピックの顛末——併録 日韓スポーツ・文化交流の意義』

二〇二一年九月一〇日発行

谷口源太郎／寺島善一／澤田克己

A5判 一〇四頁 本体九〇〇円＋税

コロナ感染爆発のさなかに、強行された東京五輪・パラリンピック。贈賄疑惑と「アンダーコントロール」の招致活動から閉幕まで、不祥事と差別言動があらわとなった。商業主義と勝利至上主義の顛末は「オリンピックの終焉」を物語る。

第6号
『「在日」三つの体験—三世のエッジ、在米コリアン、稀有な個人史』

二〇二一年一二月五日発行

金村詩恩／金真須美／尹信雄

A5判 一〇四頁 本体九〇〇円＋税

三人の在日コリアンが実体験に基づき語るオムニバス。「多様性」が多用される日本社会で、在日三世が観る風景とは…。在米コリアンとの出会いから、母語が自身を規定し基軸となる時代の到来を展望する。日本人の出自でありながら「在日」として生きた稀有な個人史。民団支部の再建と地域コミュニティに力を尽くした半生を聴く。

第7号
『キムチと梅干し—日韓相互理解のための講演録』

二〇二二年三月一〇日発行

権鎔大／尹基／八田靖史

A5判 一〇四頁 本体九〇〇円＋税

互いにわかっているようで、実はよくわからない——そこを知る一冊。福祉施設・「故郷の家」は、韓国文化と生活習慣の理解が在日高齢者の介護には不可欠だと考え大事にする。韓流ブームが若者に広がるなか、韓国ドラマの料理から文化と歴史を探る発想はユニーク。日韓相互理解と交流のためにきっと役立つ講演録。

ブックレット創刊のことば

日韓関係がぎくしゃくしていると喧伝されています。連日のように韓国バッシングする夕刊紙、書店で幅を利かせる「嫌韓」本、ネットにはびこる罵詈雑言。韓流に沸いた頃には考えられなかった現象が日本で続いています。その最たるものが在日を主なターゲットにしたヘイトスピーチです。

一方の韓国。民主化と経済成長を実現する過程で、過剰に意識してきた、言わば目の上のたんこぶの日本を相対化するようになりました。若い世代にすれば、「反日」は過去の遺物だと言っても過言ではありません。支持率回復を企図して政治家が「反日」カードを切るパフォーマンスも早晩神通力を失うでしょう。

ことさらに強調されている日韓の暗の部分ですが、目を転じれば明の部分が見えてきます。両国を相互訪問する人たちは二〇一九年に一〇〇〇万人を超え、第三次韓流は日本の中高生が支えていると知りました。そこには需要と供給があり、「良いものは良い」と素直に受け入れる柔軟さが感じられます。

コリア（K）とジャパン（J）の架け橋役を自負するKJプロジェクトは、ユネスコ憲章の前文にある「相互の風習と生活を知らないことは、人類の歴史を通じて疑惑と不信をおこした共通の原因であり、あまりにもしばしば戦争となった」「戦争は人の心の中で生まれるものであるから、人の心の中に平和のとりでを築かなくてはならない」との精神に立脚し、日韓相互理解のための定期セミナーを開いています。

このブックレットは、趣旨に賛同して下さったセミナー講師の貴重な提言をまとめたものです。食わず嫌いでお互いを遠ざけてきた不毛な関係から脱し、あるがままの日本人、韓国人、在日の個性が生かされる多文化共生社会と、国同士がもめても決して揺るがない市民レベルの日韓友好関係確立を目指します。

二〇二〇年八月

一般社団法人 KJ プロジェクトは、会費によって運営されています。日韓セミナーの定期開催、内容の動画配信、ブックレット出版の費用は、これにより賄われます。首都圏以外からも講師の招請を可能にするなど、よりよい活動を多く長く進めるために、ご協力をお願いします。

会員登録のお問い合わせは、

▶ KJ プロジェクトメールアドレス cheoleunbae@gmail.com へ